모르면 호구 되는
맞춤법상식

모르면 호구 되는 맞춤법상식

교양 있는 한국어 사용자가 되기 위한
최소한의 맞춤법상식 떠먹여드림

이윤영 지음

단순 맞춤법부터 띄어쓰기, 한자어까지

아무리 봐도 헷갈리는 우리말 맞춤법 한 권으로 끝내기!

한스미디어

말 한마디에
천 냥 빚을 지는 사람

"나는 내 생각과 감정을 의도대로 잘 표현하고 있을까?"

여러분은 이런 생각을 한 번쯤 해본 적 있으신가요? 말과 글은 단순한 전달의 수단이 아닙니다. 그것은 나를 보여주는 첫인상이며, 다른 사람들이 나를 평가하는 기준이 됩니다. 물론 맞춤법은 작고 사소해 보일 수 있습니다. 또는 '맞춤법이 뭐가 중요해? 내용이 중요하지'라고 말할 수도 있겠지요. 하지만 맞춤법이 주는 영향은 절대 사소하지 않습니다.

이 책은 '맞춤법'이라는 작은 실수에서 시작된 일상 생활과 직장 혹은 사회 생활 등에서 벌어지는 좌절과 깨달음을 담았습니다. 맞춤법을 지키지 않아 '호구'가 되었던 상황들을 통해 소소하지만 강력한 변화들에 대해 이야기하고자 합니다.

맞춤법을 지키는 것은 단순히 올바른 언어를 사용하는 것 이상입니다. 이는 나에 대한 신뢰를 쌓고, 소통을 명확히 하며, 더 나아가 자신을 보호하는 방패가 될 수 있습니다.

맞춤법은 단순한 규칙 이상입니다. 당신이 상대방과의 소통에 얼마나 신경 쓰는지를 보여주는 지표가 되기 때문입니다. 직장 상사나 동료에게 보내는 이메일, 보고서, 메신저 대화 등에서 맞춤법이 깔끔한 문장은 나에 대한 신뢰도를 높입니다. 잘 정돈된 문장은 단순히 보기 좋을 뿐 아니라 상대방에게 '이 사람은 일을 꼼꼼하게 하는구나'라는 인상을 주기도 합니다. 또한 크고 작은 오해도 방지할 수 있습니다. 맞춤법을 틀리거나 부정확한 어휘를 사용하면, 의도와는 전혀 다른 메시지가 전달될 수 있습니다. 반대로 정확한 단어 사용과 맞춤법은 메시지를 훨씬 명료하게 전하는 데 도움이 됩니다. 업무의 효율에도 직접적인 영향을 준다는 것은 더 이상 설명할 필요가 없겠죠!

더불어 정확한 맞춤법으로 깔끔한 문장을 구사하면 자신의 이미지를 개선할 수 있습니다. 철학자 비트켄슈타인은 '그 사람이 쓰는 언어는 그 사람의 세계다'라고 말했습니다. 내가 쓰는 언어가 나의 세계를 표현하고 지배한다는 뜻입니다. 당신을 드러내는 소중한 말과 글이 잘못된 맞춤법이나 부정확한 표현으로 얼룩져 있다면 부주의하거나 전문성이 떨어지는 사람으로 비춰질 것입니다. 반대로, 정확한 맞춤법과 적확한 어휘를 사용하면 성실하고 신뢰할 수 있는 사람으로 보일 수 있습니다.

또한 자신이 작성한 글이나 내뱉은 말이 정확하고 명확하여 자신에 대한 긍정적인 피드백으로 이어진다면 자신감이 높아질 것입니다. 이는 개인적인 성장에도 도움이 됩니다. 뿐만 아니라 맞춤법은 타인에 대한 배려입니다. 맞춤법을 지키는 이유는 정확한 표현과 신뢰도에 관한 문제임과 동시에 상대방을 존중하고, 자신의 의도를 제대로 전달하며, 상대와 원활한 관계를 유지하기 위한 노력이자 배려입니다.

작은 맞춤법 하나가 큰 차이를 만들 수 있다는 것을, 그리고 그 변화가 우리의 삶에 얼마나 긍정적인 영향을 미치는지를 이 책을 통해 느끼셨으면 합니다. 더불어 '우리말의 맞춤법은 까다롭다' '우리말의 어휘는 어렵다'고 생각합니다. 하지만 한편으로 우리가 그동안 명확하고 정확하게 우리말을 쓰기 위해 얼마나 공을 들이고, 노력을 기울여왔는지 생각해보면 좋겠습니다. 혹시 모국어니까, 매일 일상에서 쓰는 언어니까 무심코 썼다면 이 책을 통해 우리말의 중요성을 깨닫고 내가 쓰는 말과 글에 좀 더 세심한 노력을 기울이는 계기가 되기를 간절히 바랍니다.

작가 · 문해력 연구가

이윤영

차례

6장 한 뼘 더 나아가는 우리말 상식

1장

잘못 쓰면 정말 호구 되는, 전혀 없는 말

나는 부모님의 반대를
무릅쓰고/무릎쓰고 결혼을 강행했다

한 예능 프로그램에서 다음 세 개의 문장을 주고 이중에서 맞는 문장을 고르라는 미션이 주어졌습니다. 출연자들은 한참을 고민하다 고르고 골라 첫 번째 문장을 골랐습니다. 다음은 그들에게 주어진 선택지입니다. 여러분도 정답을 찾아보세요.

① 실례를 무릎쓰다.

② 실례를 무릅쓰다.

③ 실례를 부릅쓰다.

③번 문장은 당연히 틀린 문장이고, ①번 문장과 ②번 문장 사이에

서 방황 중이시죠? 우리는 일상생활에서 '무릎쓰다'와 '무릅쓰다'를 자주 혼동합니다.

여기 한 연인이 있습니다. 비가 억수같이 쏟아지고 있는데요. 여자는 남자를 하염없이 기다리고 있습니다. 이내 저쪽에서 한 남자가 우산도 쓰지 않은 채 폭우를 뚫고 달려옵니다. 여자는 남자에게 달려가고 남자는 이렇게 말합니다.

"내가 이 비를 **무릎쓰고/무릅쓰고** 너에게 달려왔어!"

이렇게 억수같이 쏟아지는 폭우처럼 커다란 위험이나 난관에도 불구하고 어떤 행위를 했을 때 '무릎쓰고'와 '무릅쓰고' 중 어떤 것을 써야 할까요?

무릎은 다 아시는 것처럼 신체 부위의 일부로 넓적다리와 정강이의 사이에 앞쪽으로 둥글게 튀어나온 부분을 말합니다. 반면 '무릅쓰고'는 '힘들고 어려운 일을 참고 견디다'라는 뜻입니다. '무릅쓰다'는 15세기에서 17세기에 '무룹스다'로 쓰이다가 17세기에는 '무룹쓰다'로, 18세기부터 현재는 '무릅쓰다'로 변형되어 사용되고 있습니다. '무릅쓰다'의 옛말인 '무룹스다'는 15세기 여러 문헌에서 그 흔적을 찾을 수 있습니다.

'무릅쓰다'의 기원인 '무룹스다'는 '덮어쓰다' '뒤집어쓰다'의 의미

무릅쓰다【동】(蒙, 冒着, 頂着, 不願, 不避, 不拘)
니블 무롭고 누어서(蒙被而臥)〈小諺6:57〉
바 무롭쓰고 자 가니(冒夜尋之)〈新續 烈3:21〉

인 '무롭다'에서 비롯된 말입니다. '무롭다'의 어원적 의미인 '뒤집어
쓰다'에서 '뜻밖에 어떠한 어려운 일이 있더라도 어려움을 참고 견뎌
내며 행한다'의 뜻으로 바뀌었습니다.

> 부끄러움을 **무릅쓰다**.
> 어려움을 **무릅쓰다**.
> 희생을 **무릅쓰다**.
> 난관을 **무릅쓰다**.

이렇듯 어원을 살펴보면 '무릅쓰다'와 '무릎쓰다'는 완전히 다른
의미입니다. 그런데 우리는 왜 이 둘을 자주 헷갈릴까요? 바로 발음
때문입니다. 두 단어의 발음이 비슷하다보니 머릿속에서 자꾸 충돌
이 생기는 것입니다. 우리말은 글자의 모양은 다르지만 발음이 비슷
한 단어들이 꽤 많습니다. 예를 들어서 'ㅂ'자 밑에 'ㅅ' 'ㅈ' 'ㅊ' 받침
을 써서 만들어진 단어들도 이런 예입니다.

빗 [빋] : 머리털을 빗을 때 쓰는 도구

빚 [빋] : 남에게 갚아야 할 돈, 꾸어 쓴 돈이나 외상값 따위

빛 [빋] : 물체가 광선을 흡수 또는 반사하여 나타내는 빛깔

각각의 단어들은 글자의 모양은 조금씩 달라도 발음은 모두 똑같이 [빋]으로 발음됩니다. 그런데 이 각각의 글자들 뒤에 모음으로 시작하는 말이 오년 받침소리와 뒤의 모음이 이어져서 발음되기 때문에 약간의 차이가 납니다. 예를 들어서 뒤에 조사 '-을'이 온다면 각각 [비슬] [비즐] [비츨]로 발음되지요. 우리 몸에 있는 '무릎'과 '무릅쓰고'의 '무릅'은 단독으로 발음할 때 똑같이 [무릅]이라고 발음하지만, 받침은 서로 다른 것을 씁니다.

더불어 '무릅쓰다'와 비슷한 의미의 말로 '감수하다'가 있습니다. 비슷한 의미로 쓰이는 '감수하다'는 '책망이나 괴로움 따위를 달갑게 받아들이다'라는 뜻의 동사입니다. 약간 비슷하지만 그 의미는 사뭇 다릅니다. 예를 들면 다음과 같은 문장에서는 '무릅쓰다'보다는 '감수하다'라는 말이 더 어울립니다.

수많은 고통을 **감수하니** 올림픽 금메달이라는 영광이 찾아왔다.

어떠한 비난이라도 저는 **감수하겠습니다.**

점수가 깎이는 것을 **감수하더라도** 재수강을 하겠습니다.

'무릎쓰다'는 '힘든 일을 견디고 참는 것'이라면 '감수하다'는 그 중에서도 힘들고 어려운 것을 견디고 더불어 괴로운 것을 달갑게 받아들이는 자세까지 의미가 더해집니다. 조금은 다르지요?

누군가에게 엄청난 잘못을 해서 사과를 해야 할 때 우리는 무릎을 꿇습니다. '무릎을 꿇는다'는 것은 상대에게 진심으로 잘못을 했다는 것을 표현하는 사과의 방법이기도 하고, 승패가 있는 상황이라면 패자임을 스스로 인정하는 행위입니다. 그래서 흔히 어른들은 아무 곳에서나 무릎을 꿇지 말라고 이야기합니다. 무릎을 꿇는 행위 자체가 주는 의미가 있기 때문입니다.

그러니 앞으로는 아무 곳에서나 '무릎'을 쓰지 마시고, 힘들고 어려운 일이 있다면 스스로 한번 견디고 버텨보는 연습을 해보세요. 그렇게 고난과 역경을 스스로 무릅쓰고, 그것을 감수하다보면 우리가 원하는 진정한 삶이 펼쳐질 것입니다.

오늘이 며칠/몇일이니?

한 강의에서 실제로 있었던 일입니다. 맞춤법에 대한 이야기를 하던 중 한 학생이 이런 질문을 했습니다.

"작가님, '**며칠**'과 '**몇일**' 둘 다 맞지 않나요?"

저는 귀를 의심했습니다. 하지만 학생은 계속해서 '몇일'도 맞다고 주장했고 이유는 자신이 팔로우하고 있는 인플루언서의 피드에 정확하게 '몇일'이라 적혀 있다며 근거를 들었습니다.

'몇일'과 '며칠'은 굉장히 유사하게 들리는 발음입니다. '몇'과 '며'는 둘 다 입술에서 나는 소리로, 발음할 때 차이가 미묘하여 듣는 이나 말하는 이 모두 명확하게 구분하지 않는 경우가 많습니다. 특히 일상적으로 빠르게 말할 때는 그 차이가 거의 느껴지지 않기 때문에, 이러한 발음적 유사성은 혼동을 일으키는 주요 요인이 됩니다. 하지만 그것보다 더 큰 문제는 위의 사례처럼 인터넷이나 소셜미디어에서 '몇일'이 자주 사용되고 있다는 점입니다. 이를 접한 사람들은 무의식적으로 그 표현이 맞다고 생각하고 따라 쓰게 됩니다. 반복적으로 잘못된 표현을 접하게 되어 그 자체가 맞는 것이라고 착각하게 되는 것입니다.

회사나 일상에서 '며칠'과 '몇일'을 혼동해서 쓰는 경우는 비일비재합니다. 회사에서의 사례를 살펴 보겠습니다. 협력사와 회의 중, 김대리는 다음 프로젝트 일정을 조율하기 위해 이렇게 말했습니다.

"이전 프로젝트는 '**몇일**' 걸리나요?"

김대리의 말을 듣고 있던 박팀장은 웃음을 터트립니다.

"김대리, '**몇일**'이 아니라 '**며칠**'이 아닌가요?"

당황한 김대리는 머쓱해 하며 다시 정정해서 말합니다.

"이전 프로젝트가 '**며칠**' 걸리나요? 그걸 알아야 다음 프로젝트 일정을 잡을 수 있을 것 같아서요."

실수한 건 김대리지만 그 순간 회의실 안의 다른 직원들도 자신이 그동안 잘못 알고 있었다는 사실을 깨닫고 속으로 머쓱해집니다.

회사나 일상에서 이런 에피소드는 흔히 발생합니다. 그렇다면, '몇 일'과 '며칠'을 헷갈리시 않고 올바르게 사용하는 방법을 익히려면 어떻게 해야 할까요? 몇 가지 방법을 제시해 보겠습니다.

우선 어원부터 따져 봅시다. '며칠'은 '몇'과 '일'이 결합된 단어로, 자연스럽게 발음되면서 '며칠'이라는 형태로 굳어진 표현입니다.

며칠 = 몇 + 일

원래 '몇 일'이었던 표현이 발음의 편의성 때문에 '며칠'로 변형된 것입니다. 반면 '몇일'은 문법적으로 맞지 않는 표현입니다. 이런 어원을 이해하면 자연스럽게 '며칠'이 맞는 표현임을 인식하게 됩니다.

올바른 표현을 확실히 익히기 위해서는 반복적인 연습이 필요합니다. 예를 들어, 의식적으로 '며칠'이라는 단어를 자주 사용하려고 노력하거나, 친구들과 서로 잘못된 표현을 지적해 주는 방식을 활용할 수 있습니다. 이러한 교정 과정을 통해 자연스럽게 바른 표현을 익힐

수 있습니다.

자주 틀리는 단어가 있다면 스마트폰 메모장에 '며칠'이라는 단어를 올바르게 입력한 후 이를 알림으로 설정해 두는 것도 좋은 방법입니다. 하루에 한 번씩 알림을 받으며 스스로에게 '며칠'이라는 표현을 상기시킨다면, 잘못된 표현을 자연스럽게 고칠 수 있을 것입니다.

'몇일'과 '며칠'을 헷갈리는 이유는 발음의 유사성과 잘못된 예시의 전파 등 다양한 원인에서 비롯됩니다. 하지만 이러한 혼동은 충분히 해결할 수 있습니다. 어원을 이해하고, 반복적인 연습을 통해 바른 표현을 몸에 익히며, 주변 사람들과 교정하는 경험을 나눈다면 '며칠'이라는 올바른 표현을 사용할 수 있게 됩니다.

'며칠'은 일상에서 자주 사용되는 단어입니다. 그런 만큼, 작은 실수일지라도 그 차이를 인지하고 바르게 사용하려는 노력이 중요합니다.

내일까지 제출해야 하는데
어떡해/어떻해?

시험이 얼마 남지 않은 어느 날, 혜정이는 공부를 하려고 책상 앞에 앉았습니다. 곧이어 친구들로부터 문자가 도착했습니다. 다들 이번 시험이 불안한 모양입니다. 여러 친구의 문자를 읽던 중 혜정이는 문자 두 통을 보자마자 시험 걱정은 사라지고, '두통'에 머리가 지끈거렸습니다.

친구a   혜정아, 이번 시험 **어떻해** 준비해야 할까?
친구b   혜정아, 이번 시험 **어떡해** 준비해야 할까?

일단 위 문장에 쓰인 '어떻해'와 '어떡해' 모두 틀린 표현입니다. 시험을 준비하는 방식을 묻는 상황이므로 '어떻해'나 '어떡해'가 아닌 '어떻게'가 맞습니다.

'어떻게'는 '어떠하다'라는 형용사의 활용형 중 하나로 '어떤 방식으로' 또는 '어떤 상태로'라는 의미를 가집니다. 주로 방법이나 상태, 정도를 묻거나 설명할 때 사용됩니다.

이 문제를 **어떻게** 해결해야 할까요? (방법)

날씨가 **어떻게** 되는지 알아보세요. (상태)

시험은 **어떻게** 봤어? (정도)

문장에서의 위치는 주로 문장 앞이나 중간에 위치하며 뒤에 오는 말을 꾸며주는 부사의 역할을 합니다. 위의 상황에서는 '준비해야 한다'라는 서술어를 꾸며주는 역할을 합니다.

만약 친구들이 혜정이에게 다음과 같이 문자를 보냈다면 혜정이는 기분 좋게 문자를 나누며 어려운 시험 준비에 대한 고민을 토로하고 공부법을 공유하면서 위로와 파이팅을 주고 받았을 겁니다.

혜정아, 이번 시험 **어떻게** 준비해야 할까? (○)

'어떻게'와 자주 혼동되는 단어로는 '어떡해'가 있습니다. '어떡해'

는 '어떻게 해'의 줄임말로 '어찌해야 할지 모르겠다'라는 의미를 지닙니다. 그리하여 '어떡해'는 '어떻게 해'라는 구(句)가 줄어든 말입니다. '어떻게'와 '어떡해'는 문장 속 기능이 다릅니다. 그러므로 둘은 의미와 문법적인 기능도 전혀 다른 단어입니다.

'어떡해'는 걱정과 당황, 안타까움 등의 감정을 표현할 때 사용되는 단어입니다. 문장에서의 위치는 주로 문장의 끝에 위치합니다. 서술어에 해당하기에 문장 전체의 의미를 나타내는 역할을 합니다.

비행기를 놓쳤으니 우리는 이제 **어떡해**? (당황)

민수가 죽었다니, **어떡해**… (안타까움)

이제 남겨진 가족들은 **어떡해**? (걱정)

이 두 단어를 구분하는 방법은 '어떻게' 뒤에 '해'를 붙여서 자연스러우면 '어떡해'로 쓰고, 어색하면 '어떻게'로 쓰면 됩니다. 더불어 '어떻게'는 부사이고, '어떡해'는 서술어임을 인지하면 보다 쉽게 둘의 차이를 알 수 있습니다.

이 사건을 **어떡해** → 이 사건을 **어떻게 해** (○)

이 사건을 **어떻게** (×)

일상에서 활용해볼까요? 다음은 비가 와서 우산이 없는 상황입니다. 세 개의 문장 중 어떤 문장이 맞는 표현일까요?

문장 a   우산이 없는데 지금 **어떻해**?

문장 b   우산이 없는데 지금 **어떻게**?

문장 c   우산이 없는데 지금 **어떡해**?

　문장 a의 '어떻해'는 아예 틀린 표현입니다. 문장 b의 '어떻게'는 서술어의 위치이기에 틀린 표현입니다. 맞는 표현은 문장 c의 '어떡해'입니다. 비가 와서 우산이 없는 현재 상황의 '안타까움'을 나타내고 있습니다.

　더불어 '어떻게'의 경우 부사형 활용이므로 다양한 용언을 수식하는 '너 어떻게 된 거냐?' '이 일을 어떻게 처리하지?'처럼 동사를 수식합니다. 반면에 '어떡해'는 그 자체가 완결된 구이므로 서술어로는 쓰일 수 있어도 다른 용언을 수식하지 못합니다.

지금 나 **어떡해**. (○)

이 일을 **어떡해** 처리하지? (×)

　또한 두 단어와 유사하게 쓰이는 말 중 '어떡하다'가 있습니다. '어떡하다'는 '어떻게 하다'의 줄임말입니다. '어떡하다'는 '어떡하는' '어떡하여(해)' '어떡합니다'로 활용합니다.

그래도 그게 현실인 걸 **어떡합니까**.

명훈 씨가 좋은 걸 **어떡해요**.

저녁 식사는 **어떡하면** 좋을까요?

이렇게 활용됩니다. '어떻해'와 '어떻세' '어떡해' '어떡하나'는 문장 속에서의 성분과 활용만 잘 숙지한다면 틀리지 않는 단어 중 하나입니다. 꼭 정확하게 기억하길 바랍니다.

눈이 부시게 푸른/푸르른 날은
그리운 사람을 그리워하자

서정주 시인의 〈눈이 부시게 푸르른 날은〉이란 작품이 있습니다. 가수 송창식의 노래 중 〈푸르른 날〉의 가사로도 유명합니다. 시의 전문은 이렇습니다.

눈이 부시게 **푸르른** 날은
그리운 사람을 그리워하자

여기 저기 저 가을 끝자리
초록이 지쳐 단풍 드는데

눈이 내리면 어이하리야
봄이 또 오면 어이하리야

내가 죽고서 네가 산다면
내가 죽고서 네가 산다면

눈이 부시게 **푸르른** 날은
그리운 사람을 그리워하자.

너무나 멋진 시입니다. 하지만 여기서 잠깐! 시어 중 하나인 '푸르
른'에 대해 잘 생각해야 합니다. '푸르른'은 형용사 '푸르다'의 어간 '푸
르-'에 관형사형 어미 '-ㄴ'과 명사형 어미 '-ㅁ'이 결합한 형태입니다.
관형사형으로 쓰일 때는 '푸른', 명사형으로 쓰일 때는 '푸름'이 맞습
니다. 흔히 쓰이는 '푸르른' '푸르런' '푸르름' '푸르럼'은 모두 잘못된
표현입니다. 그렇다면 서정주 시인이 이 단순한 맞춤법도 모르고 쓴
것일까요?

아닙니다. 문학에서 쓰이는 용어 중 하나로 '시적허용' 또는 '문학
적 허용'이라는 말이 있습니다. 이는 문학작품 내에서만 특별히 허용
되는 언어 규범에 어긋나는 표현을 말합니다. 시인이 의도적으로 맞
춤법이나 띄어쓰기에 어긋나게 표현하여 문법적 일탈을 보이는 것이

조. 시적 허용은 시인이 기존의 문법 체계에 갇혀 자유롭게 사고하지 못하거나 효과적으로 표현하지 못하는 경우를 예방하게 하고, 시의 운율적 효과를 살리고, 특정 대상의 심미적 가치를 강조하는 효과를 지닙니다.

그러니 엄밀히 말해 이 노래의 가사는 '푸르른'이 아닌 '푸른'이 맞는 표현이지만 '시적 허용'을 용인하기에 노랫말이나 가사, 문학작품 내에서는 허용이 되는 것입니다. 하지만 이것을 일상적인 언어로 사용하는 것은 틀린 말입니다. 예를 들어 '오늘처럼 하늘이 푸르른 날은 달리기하기에 참 좋다'라는 문장이 있다고 해봅시다. 이 문장은 날씨가 정말 좋아서 하늘이 푸르고, 그래서 달리기하기에 매우 적합하다는 맥락을 담고 있습니다. 이때 '푸르른'은 '날(日)'이라는 명사를 수식하는 관형어입니다. 이는 '푸른'이라고 고쳐 써야 합니다.

오늘처럼 하늘이 **푸르른** 날은 달리기하기에 참 좋다. (×)
오늘처럼 하늘이 **푸른** 날은 달리기하기에 참 좋다. (○)

정현종 시인의 시 〈모든 순간이 꽃봉오리인 것을〉의 한 대목인 '모든 순간이 다아/꽃봉오리인 것을'에서 '다아' 역시 문법상 '다'라고 표현하는 것이 맞지만 '다아'라고 표현함으로써 시의 운율을 살리고 독자가 '모든 순간'의 의미를 연장하여 사고하는 효과를 지닙니다. 이러한 예는 다양한 시에서 드러납니다. 윤동주의 시 〈서시〉에서 '오늘 밤에도 별이 바람에 스치운다'의 경우 '스치운다'라는 표현은 존재하지 않는 동사입니다. 시인이 보다 더 시적으로 표현하기 위해 '스치다'가 아닌 '스치운다'라고 표현한 것입니다.

김소월의 시 〈산유화〉 속 '산에는 꽃 피네/꽃이 피네/갈 봄 여름 없이/꽃이 피네'의 경우 '갈 봄 여름 없이'에서 '갈'은 문맥상 사계절 중 하나인 '가을'을 의미합니다. 이에 '가을 봄 여름 없이 꽃이 핀다'는 의미입니다. 하지만 시인은 '가을'이라는 표준어 대신 시의 운율을 살리기 위해 음절을 줄여서 '가을'을 '갈'로 줄여서 표현한 것입니다. 가곡의 가사로도 유명한 김동환의 시 〈산 넘어 남촌에는〉에서도 이런 표현이 등장합니다. '밀 익는 오월이면 보리 내음새'라는 구절의 '내음새'는 문맥상 '냄새'를 나타나는 말입니다. '밀이 익어가는 오월이면 보리의 냄새'도 함께 느낄 수 있다는 의미입니다. 올바른 맞춤법인 '냄새'가 아닌 작가가 의도적으로 '내음새'를 사용함으로써 시어가 주는 느낌을 잘 살리기 위해 운율을 형성한 것입니다.

이렇게 '시적 허용' 혹은 '문학적 허용'은 문학작품 내에서 맞춤법이나 표준어 사용과 관계없이 작가가 작품의 의미를 독자들에게 더 잘 전달하고, 문학적인 표현을 구사하기 위한 창작 기법입니다. '시적 허용'된 문장이나 단어를 일상생활에서 쓰면 틀린 문장이 되니 잘 기억해 두는 것이 좋겠습니다.

올해는 구설/구설수에
오를 운명이었나봐

구설수는 흔히 운세를 풀이할 때 쓰는 단어입니다. '구설수(口舌數)'는 '시비하거나 헐뜯는 말을 듣게 될 운수'를 의미합니다. 이 단어는 '구설수가 있다'나 '구설수가 끼었다'처럼 써야 적절합니다.

올해 **구설수**가 있으니 만나는 사람을 조심하세요.

한편 '구설(口舌)'은 '시비하거나 헐뜯는 말' 자체를 의미합니다. 그래서 우리가 흔히 쓰는 '구설수에 오르다'는 표현은 맞지 않는 표현입니다. 구설수는 '운수'를 의미하기 때문입니다.

그리하여 '구설에 오르다'로 써야 맞는 표현입니다. 남들 입에 좋지 않게 오르내리는 경우를 서술할 때는 '운수'를 의미한다고 보기 어려우니, 말 자체를 의미하는 '구설'로만 써야 적절한 표현입니다.

구설에 오르내릴 수 있으니 매사에 조심해라.

그렇다면 다음 문장 a, b 중에서 어떤 것이 맞는 문장일까요?

문장 a   그는 올해 **구설**에 휘말릴 운명이다.
문장 b   그는 올해 **구설수**에 휘말릴 운명이다.

이 문장은 남들의 입에 안 좋은 일로 오르내릴 운명이라는 의미로 '구설'보다는 운세나 운명을 나타내는 '구설수'가 맞는 표현입니다. 왜냐하면 '구설' 자체는 나쁜 이야기를 듣거나 그런 상황에 놓인 것을 의미하기 때문에, 운명이나 상황을 나타내는 데는 적합하지 않습니다. 즉, '구설수'라고 표현해야 운명에 휘말린다는 의미가 더 명확해집니다.

문장 a   그는 **구설수**에 휘말려 사람들 입에 자주 오르내렸다.
문장 b   그는 **구설**에 휘말려 사람들 입에 자주 오르내렸다.

반면 이 문장에서는 이미 사람들의 입에 자주 오르내리는 상황에 놓인 것으로 보입니다. 따라서 '구설수'가 아닌 '구설'이 적절한 표현입니다. '구설수'는 험담이 일어날 가능성에 관한 것이므로 이 문장에서는 사용될 수 없습니다. '구설수'는 험담에 휘말릴 운이나 가능성을 뜻합니다. 하지만 이 문장은 이미 험담이 이루어진 상황을 설명하고 있기 때문에 '구설'이라는 단어를 사용하는 것이 맞습니다.

구설은 험담이나 나쁜 이야기를 뜻하며, 이미 그 이야기에 오르내리고 있는 상태를 나타냅니다. 반면 구설수는 험담이나 비난을 당할 운명을 의미하며, 험담에 오를 가능성이 있음을 나타냅니다.

정확한 의미 전달은 명확한 단어의 사용에서 비롯됩니다. 뜻하지 않게 '구설'에 오르내리는 일은 가급적 피하는 게 좋겠습니다.

어머님이 뇌졸중/뇌졸증으로
입원하셨다

어느 날, 50대 후반의 김 씨는 갑자기 오른쪽 팔과 다리가 마비되는 증상을 느꼈습니다. 가족들은 급히 그를 병원으로 데려갔고, 응급실에서 의사에게 상황을 설명하기 시작했습니다.

김 씨의 아내 남편이 갑자기 몸의 오른쪽이 안 움직여요. 이게 혹시 **뇌졸증**인가요?

의사 아, **뇌졸중**을 말씀하시는 거죠? 네, 가능성이 있어보입니다. 지금 바로 CT 촬영을 해 보겠습니다.

김 씨의 아내는 뇌졸증이라고 했지만, 의사는 뇌졸중이라고 바로 잡았습니다. 이 대화에서 알 수 있듯이 두 단어의 혼동은 흔한 일입니다. '뇌졸중'은 뇌혈관 질환 중 하나로, 흔히 말하는 '중풍'의 의학적 용어입니다. 뇌로 가는 혈액 공급이 차단되거나 뇌혈관이 터지면서 뇌에 손상을 입히는 질병을 말합니다. '뇌졸증'이라는 단어는 잘못된 표현입니다.

'중(中)'과 '증(症)'의 의미와 쓰임을 비교해 보겠습니다. '증(症)'은 주로 증상이나 병의 상태를 나타낼 때 사용됩니다. 예를 들어, 우울증, 불면증, 소화불량증 등은 특정 증상을 주된 특징으로 하는 질병이기 때문에 '증(症)'이 붙습니다. 이는 몸이나 정신에서 나타나는 증상 자체를 병명에 반영한 경우입니다. 즉, '증'은 그 질병이 어떤 상태나 증상을 유발하는가를 나타냅니다.

반면 '뇌졸중(腦卒中)'에서 '중(中)'은 중간에서 막히다, 멈추다 라는 의미를 가집니다. 뇌졸중은 뇌의 혈류가 갑자기 중단되거나 차단되어 뇌 기능에 문제가 생기는 상태를 의미합니다. 즉, 뇌로 가는 혈액의 흐름이 막혀서 발생하는 문제를 강조하는 병명입니다. 뇌졸중은 뇌혈관이 막히는 급성 질환으로, 주로 혈관이 막히는 뇌경색이나 혈관이 터지는 뇌출혈을 통틀어 일컫습니다. 따라서 이 경우는 증상보다는 뇌혈관의 물리적 문제와 그로 인한 갑작스러운 결과를 의미하므로 '중(中)'이라는 표현을 사용하는 것입니다.

그렇다면 '졸(卒)'의 의미는 무엇일까요? 뇌졸중의 '졸(卒)'은 갑작스럽다는 의미입니다. 즉, 뇌졸중은 갑작스럽게 발생하는 뇌 혈류의 차단을 의미하는데, 갑자기 발생한다는 점이 중요한 특징입니다. 서서히 나타나는 증상이 아니라, 갑작스럽게 뇌혈류에 문제가 생기는 질병이기 때문에 '졸중(卒中)'이라는 표현이 사용됩니다.

△△증(症): 특정 증상이나 상태를 나타낼 때 사용되며, 병의 증상 자체를 강조합니다.

예: 우울증, 불면증, 소화불량증, 신부전증 등

□□중(中): 질병의 발생 기전이나 상태를 강조할 때 사용되며, 갑작스럽게 발생하는 병을 이야기합니다.

예: 뇌졸중 등

뇌졸중이라는 병명은 그 발생 방식에 중점을 두고 있습니다. 따라서 증상보다는 갑작스럽게 생기는 물리적 문제를 강조하는 '중(中)'을 사용하는 것입니다. 이처럼 발음이 비슷하거나 철자가 헷갈리는 단어들은 의외로 일상에서 많이 사용됩니다. 특히 뇌졸중과 같은 질병 용어처럼 의미의 차이가 생명과 직결될 수 있는 경우도 있으니, 정확한 표현을 구별해 사용하는 습관을 길러야 합니다.

오늘은 왠지/웬지 몸이 가벼워

친구들과 점심 약속을 잡은 지훈이는 약속 장소에 도착했지만, 민수가 오지 않았습니다. 평소에는 항상 먼저 오는 친구였기에 모두 의아해하며 기다리고 있었습니다. 그때, 혜진이가 무심코 말했습니다.

"민수가 왜 이렇게 안 오지? **웬지** 이상해."

친구들은 민수가 오지 않는 것보다 '웬지'라고 말한 혜진이의 말이 더 이상하게 들렸습니다.

'왠지'는 '왜 그런지 모르게'라는 뜻을 가진 부사입니다. 어떤 상황이나 느낌에 대해 분명한 이유를 알지 못하면서도 막연히 그러한 감정을 느낄 때 사용합니다. 아래의 예문을 보겠습니다.

왠지 오늘은 기분이 좋지 않다.
왠지 그 사람이 거짓말을 하는 것 같다.

이 문장들에서 '왠지'는 '왜 그런지 명확하게 설명할 수 없지만'이라는 의미를 전달하고 있습니다. 즉, '왠지'는 이유를 명확히 알 수 없을 때 사용되는 부사로, '왜인지'의 줄임말입니다. 문장에서 심리적 추측이나 직감을 나타냅니다.

그러나 '웬지'는 잘못된 표기입니다. 정확한 표현은 '웬'이라는 단어입니다. '웬'은 '어떤' '어찌 된' '어떠한'이라는 뜻의 관형사로, 명사 앞에서 그 명사가 어떤 것인지 설명할 때 사용됩니다. 엄밀히 말해 '웬지'라는 표현은 존재하지 않으며, '웬'이 올바른 형태입니다.

웬 사람이 갑자기 나타났다.
웬일로 이렇게 일찍 왔어?

위 예문에서 '웬'은 '어떤'이나 '어찌 된'이라는 뜻을 가지고 있습니다. 더불어 '웬일' '웬 사람'처럼 어떤 일이나 사람에 대해 설명하는 데 사용됩니다. '웬'은 항상 명사 앞에 쓰여 그 명사를 꾸며주는 역할을 합니다. 그리하여 '웬'과 '왠지'를 틀리지 않고 사용하기 위해서는 각각의 쓰임새를 문맥에 맞춰 생각해 보면 됩니다.

'왠지'는 부사로서, 이유를 알 수 없을 때, 막연한 추측이나 감정을 나타낼 때 쓰는 표현입니다. 아래의 예문들에서 '왠지'는 왜 그런지 알 수 없지만 막연한 예감을 나타냅니다.

왠지 선생님이 화가 나신 것 같다.
왠지 오늘은 일이 잘 풀릴 것 같다.

'웬'은 관형사로서 항상 명사 앞에서 그 명사를 수식하는 역할을 합니다. 어떤 사건이나 사람을 설명할 때 사용되며, 이유나 추측이 아니라 특정한 상태나 상황을 나타낼 때 쓰는 표현입니다.

웬일로 그렇게 일찍 일어났어?
→ '웬일'은 '어떤 일' '어찌 된 일'이라는 뜻으로, 명사를 꾸며주는 역할을 하고 있다. '웬'과 '일'이 합쳐진 복합어다.

두 단어의 혼동을 줄이고 쉽게 구별하기 위해서는 아래의 규칙을 기억하는 것이 좋습니다. '왠지'는 이유를 알 수 없을 때 사용하는 부사로, 주로 감정이나 예감을 나타냅니다.

왠지 불길한 예감이 든다.

　→ 설명할 수 없는 감정이나 상태를 나타낼 때

'웬'은 '어찌 된' '어떠한'이라는 의미를 나타낼 때 씁니다.

웬일로 이렇게 일찍 왔어?

　→ 특정 사건이나 사람을 설명할 때

　반면에 '왠지'와 '웬'의 차이를 이해하고 올바르게 사용하는 것은 문장을 보다 명확하게 표현하는 데 중요합니다. '왠지'는 이유를 알 수 없는 막연한 감정이나 추측을 나타내는 부사로, '왜 그런지 모르게'라는 의미를 담고 있습니다. '웬'은 명사를 꾸며주는 관형사로, 어떤 상태나 사람을 설명할 때 사용됩니다. 이를 기억한다면 두 개의 단어를 헷갈리지 않고 올바르게 사용할 수 있을 것입니다.

웬만하면/왠만하면

내 말에 토 달지마!

소연씨는 회사에서 상사에게 메일을 보내는 중이었습니다. 메일의 말미에 이렇게 적었습니다.

"**왠만하면** 이 문제는 오늘 안에 해결하겠습니다."

메일을 보내고 나서 소연씨는 뭔가 찜찜한 기분이 들었습니다. '왠만하면'이라는 표현이 어딘가 어색하게 느껴졌기 때문입니다. 이내 인터넷 검색창에 '왠만하면'과 '웬만하면'을 검색해봅니다.

검색해 보니 자신이 메일에 쓴 단어인 '왠만하면'은 틀린 표현이었습니다. 소연씨는 그제서야 자신의 실수를 깨닫고 메일을 다시 수정해서 보내려고 했지만 이미 상사는 수신확인을 한 상태였습니다. 한 순간의 귀차니즘이 부른 참사입니다.

소연씨가 틀린 '웬만하면'은 형용사 '웬만하다'의 활용형으로 '정도나 형편이 표준에 가깝거나 그보다 약간 낫다' '허용하는 범위에서 크게 벗어나지 아니한 상태에 있다'라는 뜻입니다. '웬만하다'가 기본형이고 이를 활용하면, '웬만하면' '웬만한' '웬만해서는'이 됩니다.

웬만하면 그만하지!

웬만한 일로 큰소리 내지 맙시다.

웬만해서는 이들을 막을 수 없다.

그런데 소연씨처럼 '웬만하면'은 '왠만하면'과 서로 헷갈리기 쉬운 표현입니다. 이유는 이 둘의 발음이 매우 비슷하기 때문입니다.

'웬만하면'은 조건부 의미를 가진 표현입니다. 이는 '일반적인 기준에서 크게 벗어나지 않으면', 또는 '충분히 허용될 수 있으면'이라는 뜻을 담고 있습니다. 여기서 중요한 점은 '웬만하다'라는 말이 '어느 정도 적절하다' '크게 문제되지 않는다'와 같은 의미를 내포하고 있다는 것입니다.

웬만하면 다들 이번 회의에 참석해주세요.

→ 별다른 일정이 없으면 다들 회의에 참석해주세요.

웬만하면 그냥 넘어가려고 했는데, 이번에는 참을 수 없네요.

→ 크게 문제가 없다면 넘어가려 했지만, 이번 상황은 그냥 넘기기 어렵습니다.

'웬'이라는 말은 '어떤'을 의미하는 접두사 '웬'에서 비롯된 것으로, 문법적으로 보았을 때는 합성어의 형태로 쓰이는 말입니다. 반면 '왠'은 '왜인지 모르게', 즉 어떤 이유나 원인이 있는 것 같지만 그것이 확실하지 않을 때 쓰는 말입니다. 따라서 '왠만하면'은 틀린 표현입니다.

'왠'은 '왜 그런지 모르게'라는 의미를 지니기 때문에, 문맥에 따라 쓰임이 완전히 달라집니다.

왠지 모르게 오늘은 기분이 좋다.

→ 이유를 알 수 없지만 기분이 좋다.

따라서 '왠만하면'은 위의 소연씨의 메일상황에서 틀린 표현입니다. 하지만 '웬만하면'은 소셜미디어, 방송 등에서 '왠만하면'과 자주 혼동되어 쓰여 많은 사람들이 틀린 표현인지 모르고 사용하는 경우가 많습니다. 이러한 잘못된 표현이 반복적으로 노출되다 보니, 대중도 무의식적으로 그 표현을 따라하게 되는 경향이 있습니다. 특히 의사소통이 빠르게 이루어지는 온라인 환경에서는 이런 실수가 더 빈번하게 발생합니다.

올바른 사용법을 위해서는 다음의 사항을 기억하는 것이 좋습니다. '웬만하면'은 주로 조건부 상황에서 쓰이는 표현입니다. 즉, 무언가를 권유하거나 양보할 때 자주 사용됩니다. '일반적인 기준에 따르면'이라는 의미를 내포하고 있기 때문에, 조건이 따르는 문장에서 많이 쓰입니다.

반면 '왠'을 올바르게 사용하기 위한 기억법으로는 '웬'과 '왜'를 구분하는 방법이 있습니다. '왜'라는 질문이 포함되는 경우 '왠'을, 그렇지 않고 일반적인 기준이나 상태를 나타내는 경우 '웬'을 사용하는 것입니다.

왜 이럴까? → 왠
일반적인 기분이나 상태를 나타내는 경우 → 웬

이러한 기억법을 통해 두 단어의 차이를 명확하게 구분할 수 있습니다. '웬만하면'과 '왠만하면'의 차이는 문법적으로 명확합니다. 둘은 발음이 유사하기 때문에 틀리기 쉽지만, '왜'와 '웬'을 구분하는 기억법을 통해 쉽게 교정할 수 있습니다.

따라서 앞으로는 '왠만하면'이 아니라, '웬만하면'이라는 표현을 올바르게 사용하여 문법적으로 정확한 문장을 구사할 수 있도록 해야 합니다. 적확하고 바른 표현으로 상사에게 정확한 표현을 전달하는 것도 센스 있는 직장 생활 그리고 언어 생활을 하는 방법 중 하나겠지요!

내 덕분에 이렇게
호의호식/호위호식하게 된 건 알지?

친구와 같이 드라마를 보았습니다. 드라마 내용은 부모나 주변 어른의 도움 없이 자수성가한 여성 CEO의 이야기였는데요. 누구보다 당당하고 멋지게 자신의 일을 해내던 어느 날, 그녀 앞에 한 중년 여성이 찾아옵니다. 중년 여성을 보자마자 주인공은 특유의 차분함을 잃고 마는데요. 중년 여성은 바로 어렸을 때 주인공을 버린 엄마였기 때문입니다. 주인공의 화려한 사무실과 성공한 모습을 보자마자 중년 여성은 그녀를 향해 이렇게 말합니다.

"우리 딸 성공했네. 다 내 덕분에 이렇게 **호위호식**하면서 살게 됐다는 건 알지?

엄마의 말이 떨어지기 무섭게 주인공은 외로움과 배고픔에 떨었던 어린 시절의 자신이 떠올라 숨이 차오르기 시작했습니다. 이때 친구가 한마디 합니다.

"자수성가한 사람 뒤에는 저런 빌런(악당) 부모가 꼭 나온다니까. 근데 호위호식이 뭐냐? **호의호식**이지! 안 그래?"

친구의 말에 고개를 끄덕였습니다. '호위호식'은 '호의호식'의 틀린 표현입니다. 발음이 비슷해서 빈번하게 틀리는 말 중 하나입니다.

호의호식(好衣好食)은 '좋은 옷을 입고 좋은 음식을 먹는다'는 뜻으로, 풍족하고 안락한 삶을 누리는 것을 의미합니다. '好(좋을 호)' '衣(옷 의)' '食(먹을 식)'의 한자로 이루어진 말입니다. 이 말은 '좋은 옷을 입고, 좋은 음식을 먹으며 사는 삶'을 의미하며, 물질적으로 풍요롭고 안락한 생활을 상징합니다. 이는 개인의 삶에서 경제적 안정과 풍요를 누리며, 외적으로도 만족스러운 삶을 살고 있다는 것을 나타냅니다.

그는 사업에 성공하여 **호의호식**하며 살고 있다.
어렸을 때는 가난했지만, 지금은 **호의호식**할 만큼 부유해졌다.

이처럼 '호의호식'은 보통 개인의 경제적 여유나 풍족한 생활을 나타낼 때 사용됩니다. 단순히 부유함을 넘어서, 외적으로도 좋은 옷을 입고 맛있는 음식을 먹는 삶을 강조하는 표현입니다.

흔히 '호의호식'을 '호위호식' '호이호식' '호가호식'으로 표현합니다. 이를 틀리지 않고 사용하는 방법은 좋은 옷과 좋은 음식을 먹는다는 '호의호식'을 기억하면 좋습니다. 물질적으로 풍요로운 상황이 되었다는 것은 단편적으로 알 수 있는 것은 입고 있는 옷(衣)과 먹는 음식(食)이 풍족해졌을 때를 일컫습니다. 더불어 '호의호식'의 반대말을 잘 기억해 두는 것도 '호의호식'을 잘 기억하는 또 다른 방법이 될 수 있습니다.

호의호식(好衣好食)**의 반대말**

조의악식(粗: 거칠 조, 衣:옷 의, 惡: 악할 악, 食: 먹을 식)
→ 남루한 옷을 입고 맛없는 음식을 먹음

악의악식(惡:악할 악, 衣: 옷 의, 惡: 거칠 악, 食:먹을 식)
→ 거친 옷을 입고 맛없는 음식을 먹음

조의조식(粗:거칠 조, 衣: 옷 의, 粗: 거칠 조, 食: 먹을 식)
→ 남루한 옷을 입고 맛없는 음식을 먹음

2장

비슷하게 생겼지만
쓰임이나 느낌이 다른 말

되 + 어 = 돼
되 + 었 = 됐

오로지/오롯이 너만 믿으라고?

발음이 비슷해서 사용할 때 자주 헷갈리는 대표적인 단어로는 '오로지'와 '오롯이'가 있습니다. 우선 '오로지'는 순우리말로, '다른 것은 있을 수 없고 오직 단 하나' 혹은 '오직 한 곳에 집중되어 있음'을 두드러지게 나타내는 말입니다. 어떤 사전에는 '오직 한 곬으로'라고 표현하기도 하는데, 여기서 '곬'은 '한쪽으로 트인 길'이라는 뜻입니다. 그래서 '오로지'는 '오직 한 방향으로만'이라는 뜻도 갖고 있어 특정한 한 방향으로 집중하는 현상을 나타냅니다. '오로지'에는 '한 가지' '한쪽' '오직' '단 하나'라는 의미가 있습니다.

나는 **오로지** 공부에만 집중했다.

→ 나는 (오직) 공부(한 가지)에만 집중했다.

위 문장을 살펴보면 다른 어떤 것은 하지 않고, 오직 '공부'만 했다는 의미가 됩니다. 반면 '오롯이'는 크게 두 가지로 뜻을 나눌 수 있습니다. 첫 번째는 '모자람 없이' '온전하게', 두 번째로는 '고요하게' '쓸쓸하게'라는 뜻입니다. '오로지'와 자주 혼동되는 의미는 첫 번째인 '모자람 없이, 온전하게'가 됩니다. '오롯이'의 원래 형태는 우리말 '오롯하다'입니다. 한자어 '완벽(完璧)하다'와 비슷한 뜻을 갖고 있습니다. '오롯이'는 '완벽한 모든 것' '전부' '온전하게'를 의미하는 뜻으로 사용됩니다. 괄호 안에 추가된 의미를 잘 파악하면 두 단어가 다른 뜻임을 알 수 있을 것입니다.

이 책은 **오롯이** 나의 20대 이야기를 담았다.
→ 이 책은 (온전하게) 나의 20대의 (모든) 이야기를 담았다.

문장 안에서 틀리거나 맞지 않는 표현을 자주 쓰게 되면 글을 쓴 사람이 독자에게 전달하고자 하는 의미를 '오롯이' 전달하지 못하게 되는 종종 발생합니다. 그래서 '오로지'와 '오롯이'의 뜻을 잘 숙지하여 문장에 적용하려고 하지만 쉽지 않습니다. 어떻게 하면 좀 더 쉽게 두 단어를 잘 쓸 수 있을까요? 아주 쉬운 방법으로 문장 안에서 '오로지'나 '오롯이'가 들어갈 자리에 '오직 단 하나' 혹은 '모든 것'을 넣어주어 무엇이 더 자연스러운지 확인하면 됩니다.

두 사람은 **오로지/오롯이** 서로의 악기에 기대어 연주했습니다.

위 문장은 '오로지'가 맞을까요? 아니면 '오롯이'가 맞을까요?

두 사람은 **오로지** 서로의 악기에 기대어 연주를 했습니다.

정답은 '오로지'입니다. 위 문장 속 상황을 잠시 상상하면 큰 무대 위에 '오직' 두 사람만이 각자의 악기를 가지고 연주하는 2중주 상황이 떠오릅니다. 객석에는 수많은 사람이 있고, 두 사람은 서로의 악기에 의지한 채 연주를 하는 모습이 보이는데요. 이때 두 사람은 '오직' 서로의 악기에만 기댄 채 연주를 할 수밖에 없는 상황이고, 각자 서로에게 집중하는 방향성도 내포되어 있습니다. 그리하여 이 문장에서는 '오직'을 뜻하는 '오로지'가 더 자연스러운 표현입니다.

오로지 너만 믿고 여기까지 왔어!
오로지 비행기를 타는 방법 외에는 어떤 교통수단도 없었다.
전쟁이 나자 사람들은 **오로지** 살기 위해서 남쪽으로 내려왔다.

반면 다음의 문장은 어떤가요?

나는 **오로지/오롯이** 내가 가진 힘을 다 쏟아냈다.

위 문장의 경우 '오로지'보다는 '오롯이'가 맞습니다. 자신이 가진 힘의 전부를 다 쏟아냈다는 의미가 담겨 있기 때문입니다. '오로지'와 '오롯이' 둘 다 부사어입니다. 부사어는 문장 전체나 서술어를 꾸며주는 역할을 하는 부속성분에 해당합니다. 주어나 서술어, 목적어와 같은 주요성분이 아니기 때문에 때로는 문장에서 생략해도 전체적인 의미를 이해하는 것에는 어려움이 없습니다.

단, 우리가 부사어를 쓰는 이유는 문장의 의미를 강조하기 위해서입니다. 우리가 말을 할 때 같은 문장이라도 강조하고 싶은 대목에서 목소리 크기의 조절을 통해 나의 말에 청중을 집중시키는 것과 같은 기능을 하는 것입니다. 이처럼 부사어는 문장의 주요성분은 아니지만 그것이 있어서 문장의 의미를 더 강화하고 화자가 전달하고자 하는 메시지를 더욱 더 명확하게 해주는 역할에 기여하게 됩니다.

위 문장에서 주어인 '나'는 자신이 가진 힘을 쏟아내기 위해 어떻게 해야 할까요? 아마 문장의 의미상 '전부'를 '모두' 쏟아내지 않았을까 짐작됩니다. 그리하여 위의 문장에서는 '오로지'보다는 '오롯이'가 더욱 적확한 문장인 것입니다.

책을 읽다보면 **오롯이** 저자의 생각에 빠지게 된다.

늦잠을 자고 일어나니 식탁에는 엄마의 정성이 **오롯이** 담긴 해장국이 나를 기다리고 있었다.

'오로지'와 '오롯이'는 비슷한 발음과 형태로 자주 혼동하게 되는 단어들입니다. 두 단어의 뜻을 잘 익혀두고 이를 적절하게 문장에 활용한다면 내가 전달하고자 하는 바를 제대로 전하는 깔끔한 표현이 됩니다. 부사어는 나의 생각을 한결 더 깊이 있게 전달하는 중요한 도구입니다.

안주일체/안주일절 가능합니다

은경씨는 동료들과 1차로 저녁 식사를 하고 2차로 술을 마시기로 했습니다. 1차로 간 식당은 직장 근처에서 맛집으로 소문난 집입니다. 김밥부터 닭볶음탕까지 수십 가지의 식사류가 있지만 주문하면 10여 분이 채 되지 않은 시간에 뚝딱 나오는 신기한 식당입니다. 인근에서는 직장인들이 집밥이 그리울 때 찾는 성지와도 같은 곳입니다. 수십 가지가 넘는 식사를 그렇게 빨리 맛있게 만들 수 있다니 그 비법이 항상 궁금했습니다. 은경씨는 동료들과 식사를 주문하고 다시 메뉴판을 자세히 살펴봤습니다.

식사**일절**

은경씨는 '일절'이라는 단어가 내심 맘에 걸렸지만 잠시 고민하는 사이 식사가 나와 허겁지겁 식사를 하고 2차로 주점에 갔습니다. 주점 역시 각종 맥주부터 소주, 막걸리, 하이볼까지 다양한 주류를 즐길 수 있는 곳이었습니다. 어떤 주종을 고를까 메뉴판을 한참 들여다보고 있는데 이런 단어가 눈에 들어왔습니다.

주류**일체**

은경씨는 '일절'과 '일체' 사이에 혼란이 생겼습니다. 과연 어떤 단어가 맞을까요? 김밥부터 닭볶음탕까지 수십 가지의 식사메뉴를 뚝딱 해내는 집밥 이모님 식당의 '일절'이 맞는지, 맥주부터 소주와 막걸리, 하이볼까지 다양한 종류의 주류를 갖춘 주점의 '일체'가 맞는지 은경씨는 궁금했습니다.

이 두 단어는 식당이나 주점에 가보면 흔히 접할 수 있는 단어입니다. 사전적 정의를 찾아보면 '일절'은 '아주' '전혀' '절대로'의 뜻을 나타내는 말로, 부정적인 의미로 사용됩니다. 전혀, 절대로 어떠한 일을 하지 않을 때 사용하는 표현입니다. 반면 '일체'는 '모든 것' '온갖 것'을 뜻하는 말입니다. 위의 상황은 식사와 주류 모든 것을 전부 갖추고 있다는 뜻이므로, '일절'이 아닌 '일체'라고 써야 맞는 표현입니다.

식사**일체**/주류**일체**

도난에 대한 **일체**(모든)의 책임을 지지 않습니다.

재산 **일체**(모두)를 학교에 기부하였다.

음료 종류의 **일체**(전부)를 갖추고 있다.

출입을 **일절**(절대로) 금하다.

(절대로, 아주, 전혀) **일절** 간섭하지 말아주세요!

수능이 끝나고 그는 (전혀) **일절** 교과서를 보지 않았다

'일체'는 모든 것이 다 있다는 의미지만 '일절'은 부사로 쓰이면서 흔히 행위를 그치게 하거나 어떤 일을 하지 않을 때 쓰여서 엄밀히 두 단어는 정반대의 의미가 강합니다.

이 두 단어는 발음도 다르고 표기법도 다른데 왜 혼동해서 쓰이고 있을까요? 그것은 한자 때문인데요. '일절'과 '일체'의 한자어는 '一切'로 같습니다. 그런데 한자 '切'이 '끊을 절'과 '모두 체'로 읽히기 때문입니다.

미성년자 **일절** 입장 금지

타인에게 위협을 가하는 행동은 **일절** 불가합니다.

그는 이번 사건에 대해 **일절** 언급하지 않았다.

이 둘을 쉽게 구분하기 위해서는 그 뜻을 명확히 알면 좋습니다. '일체'는 '모든 것' '전체'라는 뜻을 가진 명사이자 부사입니다. 상황에 따라 '일체'는 '모든 것을 포함하여'라는 긍정적인 의미로 사용될 수 있습니다. '일체'는 보통 부정문보다는 긍정문에서 자주 사용되며, 어떤 범위 내에서 모든 것을 아우르는 의미를 지닙니다. 반면 '일절'의 경우는 '전혀' '절대로' 의 뜻으로 쓰이며 무언가를 전혀 허용하지 않거나 금지할 때 주로 쓰입니다.

이 회의에서 개인적인 의견은 **일절** 금지입니다.
→ 회의에서 개인적인 의견은 제시하지 마세요.
이 프로젝트에 대한 **일체**의 자료를 준비해 주세요.
→ 모든 자료를 준비해 주세요.

따라서 무언가를 전혀 허용하지 않거나 금지할 때는 '일절'을 사용하고, 무언가를 모두 포함하거나 전체적인 범위를 나타낼 때는 '일체'를 사용합니다. 이것만 확인한다면 두 단어를 혼동하여 쓰지 않게 됩니다. 다음에 식당이나 주점에 가면 꼭 확인해보세요. '안주일체' '주류일체'라고 적혀 있는지 말입니다.

이따가/있다가 다시 통화해

우리말에는 미묘한 차이만으로 의미가 크게 달라지는 어휘가 많습니다. 그중 하나가 바로 '이따가'와 '있다가'의 사례입니다. 이 두 표현은 발음도 유사해서 비슷하게 쓰이기도 하지만 문법적으로는 전혀 다른 의미를 가집니다.

'이따가'는 시간의 흐름을 나타내는 부사입니다. 이는 '조금 후에' '잠시 후에'라는 뜻으로, 현재에서 미래로 이어지는 시간의 경과를 나타냅니다. 일상 대화에서는 미래에 일어날 일에 대해 말할 때 자주 사용됩니다. 예를 들어, '이따가 보자'라고 말하면, 상대방과 가까운 미래에 다시 만나겠다는 뜻을 담고 있습니다. 이처럼 '이따가'는 시간과 관련된 미래의 사건을 지칭합니다.

이따가 영화 보러 갈래?

→조금 후에 영화관에 가자는 제안

이따가 전화할게.

→조금 후에 전화하겠다는 약속

반면 '있다가'는 '있다'에 연결 어미 '-다가'가 붙은 활용형으로, 특정 장소에 와서 일정 시간 동안 머문 후 다른 동작으로 이어지는 상황을 나타냅니다. 즉, '와 있다가'는 장소의 이동과 그 이후의 행동을 묘사하는 복합적인 표현입니다. 이를 통해 특정한 시간 동안 한 장소에서 대기하거나 활동하다가 떠나는 과정을 나타냅니다.

친구가 내 방에 와 **있다가** 갔어.

→ 친구가 내 방에 잠깐 머물다가 떠났어.

회의에 와 **있다가** 바로 나갔어.

→ 회의에 참석하고 잠시 후 자리를 떠어.

'이따가'와 '있다가'는 발음이 비슷해 대화 중 잘못 사용되는 경우가 많습니다. 특히 빠르게 말할 때 두 표현이 유사하게 들립니다. 구어체에서는 정확한 의미보다 발음과 억양에 따라 의미가 전달되기 때문에, 발음이 유사한 표현들이 쉽게 혼동될 수 있습니다.

이따가 갈게.

친구가 **있다가** 갔어.

또한 '이따가'는 시간적 개념을 나타내지만, '있다가'는 동작과 상태의 변화를 설명하는 표현이기 때문에 문법적으로도 차이가 큽니다. 하지만 사람들은 문법적인 차이를 고려하지 않고 두 개의 표현을 혼용하는 경향이 있습니다. 이는 특히 일상 대화에서 비격식적으로 사용될 때 더욱 종종 발생합니다.

이따가 갈게.

→ 시간적 의미만을 전달합니다.

집에 와서 잠깐 **있다가** 갈게.

→ 장소 이동과 그 후의 행동을 명확하게 설명합니다.

학교에 와서 잠깐 **있다가** 돌아갈게.

→ 장소 이동과 그 이후의 동작을 순차적으로 설명합니다.

그렇다면 이 둘을 혼동하지 않고 잘 사용하는 방법은 무엇이 있을까요? '이따가'는 시간적인 흐름을 나타내는 부사로, 주로 가까운 미래에 일어날 일을 설명할 때 사용됩니다. 따라서 시간적 맥락이 명확할 때만 사용해야 합니다. 반면 특정 장소나 동작과 관련된 문맥에서는 '있다가'와 같은 표현을 사용하는 것이 적절합니다.

이따가 뭐 할 거야?

→ 미래의 일을 묻는 표현입니다.

이따가 회의 끝나면 연락할게.

→ 회의가 끝난 후 연락을 주겠다는 약속을 이야기하는 표현입니다.

'와 있다가'는 동작의 완료와 그 후의 상태 변화를 나타내는 표현이므로, 특정 장소와 동작이 연속적으로 이어질 때 사용해야 합니다. 시간적인 의미와 혼동하지 않도록 주의해야 합니다.

친구가 집에 **있다가** 갔어.

→ 친구가 와서 머문 후 떠난 동작을 설명합니다.

나는 카페에 **있다가** 도서관으로 갈 거야.

→ 카페에서 일정 시간을 보낸 후 도서관으로 이동하겠다는 계획 을 설명합니다.

결론적으로 '이따가'와 '있다가'는 의미와 용법이 명확히 다릅니다. '이따가'는 시간적인 개념을 설명하는 부사로, 미래에 일어날 일을 나 타내고, '있다가'는 장소에서의 동작과 상태의 변화를 설명하는 표현입니다. 이 둘을 올바르게 구분하고 사용하는 것은 매우 중요합니다. 발음의 유사성과 문법적 구조를 명확히 이해해야 이러한 혼동을 피할 수 있습니다.

너를 진짜/너무 좋아해

어느 드라마에서 한 여자가 좋아하는 남자에게 줄기차게 사랑 고백을 하는 장면이 있었습니다. 여자는 남자에게 시시때때로 사랑을 고백했고, 남자는 그저 대답 없이 작은 미소로만 대답했습니다. 데이트를 하던 어느 날, 여자는 남자에게 자신을 '진짜' 사랑하냐고 물었습니다. 이에 남자는 그걸 꼭 말로 표현해야 아느냐고 말했습니다. 이에 여자는 남자에게 확인하고 싶다고, 자신을 '정말' 사랑하냐고 물었습니다. 이에 남자는 자신도 여자를 '진짜' 좋아한다고 답하며 그녀를 꼭 안아주었습니다.

멜로 드라마의 흔한 장면입니다만 비단 사랑뿐만 아닙니다. 인간은 눈에 보이지 않는 신념이나 생각을 반드시 확인하고 싶어합니다.

눈에 보이지 않는 무엇을 확인하기 위한 방법은 말과 글밖에 없습니다. 그리고 신념이나 생각, 감정은 눈에 보이지 않기에 더 세심하게 표현해야 합니다.

> 남자 　너를 **진짜** 좋아해.
> 여자 　정말?
> 남자 　**진짜**라고! 어떻게 해야 믿을래!

'진짜'는 실제로 있는 사실을 뜻하는 말로, 그 실제성을 강조할 때 사용됩니다. 예를 들어, '진짜 맛있다'는 말은 그 음식이 실제로 맛있다는 사실을 강조하는 표현입니다. '진짜'는 우리가 일상 대화에서도 잘 쓰는 표현이지요. 어떤 대상이나 상황의 사실 여부를 강조하고자 할 때 특히 자주 사용됩니다.

반면 '너무'는 기준을 초과한다는 의미를 가지고 있습니다. 즉, 어떤 것이 기준 이상으로 과할 때 사용됩니다. 예를 들어, '너무 덥다'라는 표현은 더운 정도가 적당한 수준을 넘어섰음을 의미합니다. 일반적으로는 부정적인 상황에서 자주 사용되지만, 아래와 같이 긍정적인 맥락에서도 사용할 수 있다.

네가 **너무** 사랑스러워서 미치겠어!

'진짜'는 긍정적인 상황에서 사실성을 강조하기 위해 사용됩니다. 어떤 사람이 새로 오픈한 레스토랑에서 음식을 먹고 난 후, "진짜 맛있다"라고 말한다면, 그 사람은 음식이 실제로 맛있었다는 사실을 강조하고 있는 것입니다. 여기서 '진짜'는 음식의 질이 기대 이상이었거나, 실제로 매우 뛰어났다는 것을 강조하는 역할을 합니다.

반면 '너무'의 원래 뜻은 기준을 넘는 정도를 의미합니다. 긍정적인 상황에서 사용될 경우 '너무 좋아'라는 표현에도 '지나치게 좋다'라는 뜻을 가지고 있습니다. 예를 들어 새로 개봉한 영화를 보고 난 후, 친구가 "그 영화 너무 재밌었어. 다시 보고 싶어."라고 말했다면 '너무'는 영화를 재미있게 봤다는 것을 강하게 표현하는 방식으로 쓴 것입니다.

두 단어는 부정적인 상황에서도 사용될 수 있습니다. '진짜'의 경우 부정적인 상황에서 사실성을 강조할 때 쓰입니다. 예를 들어, 일주일 내내 시험으로 잠을 제대로 잘 수 없었다면 친구에게 '진짜 피곤해'라고 말할 수 있을 것입니다. 이때 말한 사람은 자신이 실제로 매우 피곤하다는 것을 강조하고 있습니다. '너무'는 부정적인 상황에서 특히 자주 쓰이며, 어떤 것이 기준을 넘어서 지나치게 과하다는 의미로 사용됩니다. 예를 들어, '너무 더워'라는 말은 더운 정도가 견디기 힘들 정도로 과하다는 것을 의미합니다.

날씨가 매우 더운 날 친구가 에어컨 앞에서 힘없이 말합니다.

"오늘 날씨가 **너무** 더워서 밖에 나가기 싫다."

여기서 '너무'는 날씨가 적당히 덥다기보다는 지나치게 더워서 불편하니 밖에 나가기가 싫다는 상황임을 나타낸 것입니다.

이렇듯 '진짜'와 '너무'는 비슷한 맥락에서 사용될 수 있지만, 그 의미에는 미묘한 차이가 있습니다. '진짜'는 사실성에 초점을 맞추어 그 상황이나 감정을 강조하는 반면 '너무'는 기준을 넘어서 과도한 상태임을 나타냅니다.

예를 들어 '진짜 춥다'와 '너무 춥다'는 둘 다 춥다는 의미이긴 합니다. 하지만 '진짜 춥다'는 추운 상황이 사실임을 강조하는 표현합니다. 그리고 '너무 춥다'는 추위가 적당함을 넘어섰다는 의미를 담고 있습니다.

이 케이크 **진짜** 맛있다.

→ 이 케이크가 실제로 매우 맛있다는 것을 강조합니다.

이 케이크 **너무** 맛있다.

→ 이 케이크가 맛있지만, 그 맛있음이 기준을 넘을 정도로 과하다는 느낌을 줍니다.

이처럼 '진짜'는 사실성을, '너무'는 기준 초과를 나타낸다는 차이를 명확히 구분할 수 있습니다.

따라서 이 두 단어를 올바르게 사용하기 위해서는 상황에 맞는 단어 선택이 중요합니다. 만약 누군가에게 특정 사실을 강조하고 싶다면 '진짜'를, 감정이나 상태가 지나치게 과하다는 느낌을 전달하고 싶다면 '너무'를 사용하는 것이 적절합니다. 단순히 부정적인 표현에는 '너무'를 쓴다거나 긍정적인 표현에는 '진짜'를 쓴다는 구분은 조금 재고의 여지가 있습니다.

하지만 무엇보다 두 단어의 사용에 대해 중요한 것은 일상에서 사용하는 빈도입니다. '진짜'와 '너무'를 일상에서 지나치게 자주 사용하면 자신이 본래 표현하고자 하는 의미가 약해질 수 있습니다. 모든 문장에 지나치게 자주 '진짜'나 '너무'를 사용하게 되면 강조 효과는 오히려 떨어지는 것입니다. 따라서 적절한 상황에서 이 단어들을 선택적으로 사용하는 것이 중요합니다.

그 영화 **진짜 너무** 재밌었어.
→ 이 문장은 '진짜'와 '너무'를 동시에 사용한 탓에 의미가 중복되어 오히려 강조 효과가 감소합니다.

그렇다면 이 두 단어를 대체할 단어에는 어떤 것이 있을까요? 바로 '매우' '정말' '아주' 같은 단어들은 비슷한 의미로 사용할 수 있습니다. 이는 표현의 다양성을 높일 수 있다는 이점이 있습니다.

그 케이크 **정말** 맛있다.

날씨가 **매우** 덥다.

오늘 날씨가 **아주** 좋다.

이러한 대체 표현을 활용하면 대화가 더욱 풍부해지고, 강조하고자 하는 의미도 보다 정확하게 전달할 수 있습니다. 하지만 많은 작가들은 문장을 쓸 때 부사어의 사용은 되도록 자제하라고 말합니다. 이는 문장에 지나치게 부사어를 많이 쓰다 보면 필자의 의도보다 다소과잉되거나 약화한 채로 의미가 전달할 수 있기 때문입니다.

적절한 부사어의 사용으로 내가 진짜 전달하고자 하는 의미가 잘전달되도록 노력해야 할 것입니다.

친구 덕분에/때문에/탓으로 이렇게 되었다

한 번은 학교에서 학생들과 함께 성적 이야기를 한 적이 있습니다. 이때 한 학생이 옆에 있는 친구를 가리키며 이렇게 말했습니다.

"얘 **덕분에** 이번 시험 망했어요!"

"아니에요! 얘 **덕분이에요**!"

이야기를 들어보니 두 친구는 시험 준비를 함께 했는데 스터디 카페에서 공부를 하려고 하면 자꾸 뭘 먹으러 가자는 서로의 말에 시험 준비를 제대로 못했다는 것입니다. 그러면서 서로에게 시험을 망친 책임을 전가하고 있었습니다. 한창 식욕이 폭발할 20대 청년의 나이로 돌아가 보니 다분히 이해가 되었습니다.

그런데 학생들의 말에서 뭔가 어색한 부분이 발견되었습니다. 위의 상황은 친구가 자꾸 이것저것 먹으러 가자고 권유한 깃으로 인해 공부에 집중하지 못했고, 결국 시험을 망치게 되었다는 뜻입니다. 위의 상황에서 '덕분에'라는 말은 적절하게 쓰였을까요?

적절하게 쓰면 내 말에 '품위'가 더해지는 단어 중에 '덕분에'와 '때문에'가 있습니다. 이 두 단어 모두 원인과 결과가 있는 상황에 쓰는 단어입니다. 하지만 의미는 조금 다르게 쓰이곤 합니다. 기본적으로 두 단어는 상황의 원인이나 이유를 설명할 때 주로 사용되지만, '덕분에'는 긍정적인 결과를 나타내는 반면 '때문에'는 중립적이거나 부정적인 상황에 주로 쓰입니다. 그 이유는 두 단어에 담긴 뜻을 풀어 보면 금방 알게 됩니다. '덕분에'의 '덕분'은 명사로 '베풀어 준 은혜나 도움을 이르는' 말입니다. '덕분에'는 명사 '덕분' 뒤에 조사 '-에'가 결합된 형태입니다. 비슷한 단어로는 '덕분으로'가 있습니다. '덕분으로' 역시 명사 '덕분' 뒤에 조사 '-으로'가 붙은 형태입니다.

당신 **덕분에** 지금까지 살아갈 수 있었습니다.
선생님 **덕분으로** 이 학교를 무사히 졸업할 수 있었습니다.

이처럼 '덕분에' '덕분으로'는 그 단어 자체가 가지고 있는 의미만으로도 긍정적인 결과를 유추할 수 있는 단어입니다. 타인에게 조건 없이 받는 '은혜'와 '도움'을 일컫는 말이 '덕분'이기 때문입니다. 덕분과 비슷한 말로는 '덕택'이라는 말도 쓰입니다. 위의 문장을 '덕택'으로 바꿔보면 그 의미가 더욱 명확해집니다.

당신 **덕택에** 지금까지 살아갈 수 있었습니다.
선생님 **덕택으로** 이 학교를 무사히 졸업할 수 있었습니다.

반면 '때문에'는 어떤 일의 원인이나 까닭을 일컫는 의존명사인 '때문'에 조사 '-에'가 붙은 형태로, '덕분에'처럼 단어 자체에 어떤 상황을 내포하고 있지 않습니다. 그리하여 '때문에'는 중립적인 원인이나 까닭을 일컫는 말에 주로 쓰입니다. 단, '덕분에'가 긍정적인 의미를 가지고 있기에, 상대적으로 부정적인 상황에 자주 쓰이지만 이것은 우리의 언어 습관 때문에 생긴 문제이지, 결코 틀린 것은 아닙니다. 그러므로 위의 문장에서 '덕택에'나 '덕택으로'를 '때문에'로 바꿔도 의미상 문제는 없습니다.

당신 **때문에** 지금까지 잘 살아갈 수 있었습니다.
선생님 **때문에** 이 학교를 무사히 졸업할 수 있었습니다.

그렇다면 긍정적이거나 중립적인 상황이 아닌 부정적인 상황의 경우에는 어떤 단어를 써야할까요? '때문에'가 부정적인 상황에 자주 쓰이긴 하지만 절대적인 것은 아닙니다. 좀 더 명확하게 부정적인 상황임을 나타내고 싶다면 '탓'을 쓸 수 있습니다.

네가 빚을 진 **탓**에 우리 가족 모두 고생을 많이 했다.
네가 고집을 부린 **탓**에 내가 얼마나 힘들었는지 알고 있니?

위의 문장은 부정적 맥락입니다. '빚'이나 '고생' '힘들다'라는 단어 등을 통해 문장의 부정적인 맥락이 여실히 드러나고 있습니다. '때문에'를 써도 되지만 보다 더 부정적인 느낌을 드러내려면 '주로 부정적인 현상이 생겨난 까닭이나 원인' 혹은 '구실이나 핑계로 삼아 원망하거나 나무라는 일'을 일컫는 명사인 '탓'을 쓰면 됩니다.

남의 **탓**으로 돌리다.
안되면 조상 **탓**만 한다.
이번 사고는 전기 누전 **탓**이다.
못난 것이 내 아들인데 누구의 **탓**을 하겠는가.

정리하자면 어떤 현상의 이유와 원인을 이야기하고 싶을 때 긍정적인 현상이나 결과에는 '덕분에'를 쓰고, 중립적이거나 부정적인 현상인 경우에는 '때문에'를 사용합니다. 단, 부정적인 현상이나 타인에 대한 원망을 더욱 분명하게 드러내고자 할 때는 '탓'을 쓰면 됩니다.

상황에 따라 어떤 단어를 쓰는 것은 매우 중요합니다. 하지만 잘못된 단어를 사용해서 감사의 마음이나 호의를 전해야 하는 경우 나의 의도와 다르게 그 의미가 반감이 되는 단어를 사용한다면 상대에게 진심어린 표현이 닿지 못하게 될 것입니다.

고마움과 감사함, 억울함과 답답함 등 다양한 감정을 제대로 표현하는 것은 단순한 언어 생활의 문제가 아니라 의사소통 행위에서 매우 중요한 부분을 차지합니다. 적절한 상황에 적확한 표현을 함으로써 자신의 생각과 감정을 명확하고 당당하게 표현하기를 바랍니다.

편지를 부치러/붙이러 우체국에 간다

한 번은 회사에서 중요한 서류를 우편으로 보내야 할 일이 있었습니다. 동료가 이렇게 말했습니다.

"이 서류를 빠르게 우체국에 **붙여야 해**."

여기에서 동료는 틀린 표현을 썼습니다. 서류를 우편으로 보내는 것은 '붙이다'가 아닌 '부치다'가 맞습니다. '붙이다'는 물리적으로 무언가를 붙이는 동작을 의미합니다. 서류를 우편으로 보내는 것으로 그런 행위가 아니므로 '부치다'가 맞는 표현입니다.

또 이런 상황도 있을 수 있습니다. 엄마가 책을 읽다가 마음에 와닿은 문장을 읽고 이를 오래 기억하기 위해 작은 메모지를 책에 붙여 놓 았습니다. 이때 아이는 엄마의 행동을 보며 이렇게 말할 수 있습니다.

"엄마! 책에 왜 메모지를 **부쳐요**?"

아이의 이 말에 엄마는 머리가 지끈거립니다.

"윤영아! 메모지가 빈대떡이니, 부치게. 이럴 때는 '부치다'가 아 니고 '**붙이다**'야!"

책에 메모지를 붙이는 것은 물리적으로 무언가를 붙이는 동작을 의미하므로 '부치다'가 아닌 '붙이다'가 맞습니다.

이렇듯 '붙이다'와 '부치다'는 일상생활 속에서 자주 틀리는 말 중 하나입니다. 이유는 두 단어의 발음이 같아서입니다. 더불어 위에 언 급된 기본적인 의미 말고도 다양한 뜻을 가진 단어 중 하나이기 때문 이기도 합니다.

'붙이다'의 경우 기본 의미인 ①맞닿아 떨어지지 않게 한다는 의미 외에 ②불을 일으켜 타게 하다, ③조건, 이유, 구실 따위가 따르게 하 다, ④본문에 주석을 달다, ⑤신체의 일부를 어느 곳에 대다, ⑥말을 걸거나 치근대며 가까이 다가서다, ⑦기대나 희망을 걸다, ⑧남의 뺨이나 볼기를 세게 때리다 등의 의미가 있습니다. 그 외에도 ⑨어떤 것을 더하게 하거나 생기게 하다, ⑩어떤 감정이나 감각을 생기게 하다, ⑪어떤 놀이나 일, 단체에 참여하다 등 그 뜻이 매우 다양합니다.

'부치다' 역시 마찬가지입니다. 잘 알려진 기본 의미인 ①편지나 물건 따위를 일정한 수단이나 방법을 써서 상대에게로 보낸다는 의미외에도 뜻이 다양합니다. ②어떤 문제를 다른 곳이나 다른 기회로 넘기어 맡기다, ③어떤 일을 거론하거나 문제 삼지 않는 상태에 있게 한다는 의미가 있습니다. ④모자라거나 미치지 못하다, ⑤철이나 프라이팬에 기름을 바르고 빈대떡, 전, 전병 등의 음식을 익혀서 만들다 ⑥부채를 흔들어서 바람을 일으키다. ⑦논밭을 이용하여 농사를 짓는 경우도 '부치다'라는 말을 씁니다.

'붙이다'는 '붙다'에 사동의 의미를 더하는 파생접사 '-이-'가 결합된 단어입니다. '부치다'는 '붙이다'와 어원이 같습니다. 그러나 '붙이다'는 '붙다'라는 의미가 살아있고 '부치다'는 의미가 소실되었다는 차이가 있습니다. 〈한글맞춤법〉 제22항 '다만' 조항에 따르면 동사 어간에 '-이-'가 붙어 이루어진 단어는 원칙적으로 구별하여 적지만 '드리다, 바치다' 등과 같이 본뜻에서 멀어진 것은 소리대로 적도록 하고 있습니다. 그러므로 '붙다'의 의미가 살아 있으면 '붙이다'로 사용하고, 그렇지 않으면 '부치다'로 쓰는 것으로 간단히 구분할 수 있습니다.

① 봉투에 우표를 **붙이다**.

② 연탄에 불을 **붙이다**.

③ 자꾸 이런 저런 계약조건을 **붙이다**.

④ 인용을 할 때는 반드시 주석을 **붙여주세요**.

⑤ 그는 벽에 머리를 **붙이자마자** 곯아 떨어졌다.

⑥ 관심이 있는 사람에게 말을 **붙여보았다**.

⑦ 앞날에 대한 희망을 **붙이다**.

⑧ 그녀는 그의 뺨을 세게 **올려붙였다**.

⑨ 운동을 하니 근육이 **붙었다**.

⑩ 축구라는 새로운 취미가 **붙었다**.

⑪ 니네 게임에 나도 **붙여주라**.

① 우체국에 가서 편지를 **부쳐라**.

② 이번 이사회 안건을 표결에 **부치겠습니다**.

③ 우리 여행 계획은 당분간 비밀에 **부쳐주세요**.

④ 웨이트 트레이닝은 아직 내 힘에는 많이 **부친다**.

⑤ 광장시장에 가면 전 **부치는** 냄새가 온 시장에 가득하다.

⑥ 너무 덥다. 부채 좀 **부쳐주라**!

⑦ 소작농에게는 **부쳐** 먹을 땅 한 평도 절실하다.

좀 더 쉽게 설명하자면 '붙이다'와 '부치다'를 사용할 때, 그 동작의 목적을 먼저 떠올려보는 것이 중요합니다. 무언가를 고정하거나 결합하는 동작이라면 '붙이다'를, 보내거나 맡기는 행위라면 '부치다'를 사용해야 합니다.

어원이 같더라도 세월이 지나면서 본래의 의미를 가진 단어와 그렇지 않은 단어로 나뉘는 경우도 많습니다. 이를 잘 구분하는 것이 단어의 의미를 혼동하지 않고 사용하는 올바른 방법입니다.

그런 짓을 하다니 몰염치/파렴치하다

사람들이 많이 타고 내리는 지하철입니다. 출퇴근으로 가장 붐비는 오전 8시, 눈을 씻고 찾아봐도 빈 자리가 보이지 않습니다. 한 역에서 임산부 한 명이 지하철에 오릅니다. 다음 역에 거의 다다랐을 때 한 남자가 급히 내리고 그 앞에 서 있는 다른 남성이 빈 자리를 확인합니다. 커다란 이어폰을 꽂고 있는 남성은 빈 자리를 보자 자신의 백팩을 벗어 그 자리에 올려둡니다. 일순간 주변의 모든 사람들의 입에서 옅은 한숨이 새어나옵니다. 붐비는 차 안에서 자리가 나 기뻐했던 임산부의 얼굴에 짙은 어둠이 깔립니다.

이번에는 더 심각한 상황을 가정해보겠습니다. 한 사회복지 단체에서 기부금을 모아 어려운 이웃을 돕기 위한 활동을 하고 있었는데,

단체의 한 직원이 그 기부금을 유용하여 개인적인 이익을 위해 사용했다고 가정해봅시다. 이 직원은 자신에게 신뢰를 보낸 사람들의 기대를 저버리고, 사회적으로 절대 용납될 수 없는 행동을 한 것입니다.

첫 번째 상황에서 빈자리에 빅팩을 올려 둔 남성을 보고 우리는 '몰염치'하다고 말합니다. 자신의 편의만을 생각하고 다른 사람들을 전혀 배려하지 않는 행동이기 때문입니다. 두 번째 상황의 경우 어려운 이웃을 돕기 위해 모금한 기부금을 자신의 개인적인 이익을 위해 착복한 것입니다. 이는 사회적으로 심각한 비난을 받을 수 있는 범죄적 행위로, 이럴 땐 '파렴치'라는 단어를 써야 합니다.

'몰염치'와 '파렴치'는 둘 다 부끄러움이나 수치심이 없는 사람이나 행동을 비판할 때 쓰이는 단어입니다. 하지만 두 단어의 의미는 생각보다 차이가 있습니다.

'몰염치'는 한자어로, '몰(沒)'은 '없다'를, '염치(廉恥)'는 '체면이나 수치심'을 뜻합니다. 즉 '몰염치'는 부끄러움이나 체면을 전혀 생각하지 않는 태도입니다. 일반적으로 상식이나 예의에 어긋나는 행동을 하면서도 전혀 부끄러워하지 않는 사람을 비판할 때 쓰입니다.

공공장소에서 큰 소리로 떠드는 행위는 **몰염치**한 행동이다.

반면 '파렴치'는 한자어로 '파(破)'는 '깨다'라는 뜻이고, '염치'는

'체면' 또는 '수치심'을 뜻합니다. '파렴치'는 염치와 수치심을 깨버린, 즉 아주 뻔뻔하고 부끄러움을 모르는 행동을 말합니다. '파렴치'는 '몰염치'보다 더 강한 의미로, 사회적으로 용납되지 않는 매우 비도덕적이고 부도덕한 행동을 비판할 때 사용됩니다.

기부금을 가로채는 것은 **파렴치**한 행위다.

'몰염치'와 '파렴치'는 모두 부끄러움이나 수치심이 없는 행위를 비판할 때 쓰이지만, 그 정도와 범위에서 차이가 있습니다. '몰염치'는 일상에서의 비매너나 무례한 행동, 또는 상식에서 벗어난 행동에 대해 비판할 때 주로 사용됩니다. 반면 '파렴치'는 도덕적으로 심각하게 잘못된 행동, 특히 범죄나 비리처럼 사회적으로 용납될 수 없는 부도덕한 행위에 대해 더 강하게 비판할 때 사용됩니다.

행동의 심각성을 따지자면 몰염치보다 파렴치가 훨씬 더 부정적인 경우에 쓰이는 단어입니다. 따라서 두 단어를 사용할 때는 그 행동의 심각성을 기준으로 판단하면 크게 무리가 없습니다

또한 사회적 기준과 용납 가능성의 고려 차원에서 살펴보면 '파렴치'는 사회적으로 용납되지 않는 행동으로 예를 들면 범죄나 사기, 도덕적으로 비난받을 수 있는 행위 등으로 사회적인 규율과 규칙 특히 법률에 어긋난 행위에 사용됩니다. 반면 '몰염치'는 개인적이거나 일

상에서의 무례한 행동으로 상식선에서 예의에 어긋나는 행동을 표현하는 데 더 알맞습니다.

하지만 여기서 주목해야 할 것은 '몰염치'와 '파렴치'는 모두 부끄러움이나 수치심에 해당하는 '염치'라는 단어를 썼다는 것입니다. 고대 철학자 아우렐리우스는 『명상록』에서 인간은 죽어서 재가 될 것이지만 성실과 염치, 정의와 진리는 인간을 신의 세계로 데려다 줄 것이니 죽을 때까지 이 네 가지를 지키면서 살아갈 수밖에 없다고 말했습니다. 여기서 '염치'는 성실과 정의, 진리와 동급인 가치인 것입니다.

살면서 '염치'를 잃고 사는 사람들을 간혹 만나게 됩니다. 혹은 우리 스스로도 가끔은 '염치' 따위는 버리곤 살았으면 좋겠다는 마음이 들기도 하지요. 하지만 인간에게 '염치'는 꼭 지켜야 하는 것입니다. '염치'를 아는 사람 즉, 부끄러움을 안다는 것은 자신의 말이나 행동을 스스로 돌아보는 사람이라고 생각합니다. 우리는 꼭 '염치'를 지킬 줄 아는 사람으로 살아갑시다.

나는 너와 답이 달라/틀려

친구들과 함께 퀴즈를 풀던 중, 한 친구가 이렇게 말했습니다.

"나는 너와 답이 **틀려**."

이 상황에서 친구가 전달하려는 의미는 단순히 서로 답이 다르다는 것이었기 때문에 '틀리다' 대신 '다르다'를 사용해야 합니다. 정답인지 오답인지를 판단하기 전에, 단지 서로의 답이 같지 않다는 점을 말하는 것이므로 너의 답은 나와 '틀린' 게 아니라 '다른' 것입니다.

비슷한 상황은 직장 내에서도 흔히 펼쳐집니다. 직장에서 프로젝트 방향에 대해 동료와 이야기를 나누던 중, 동료가 자신의 의견과 맞지 않는 나의 의견에 대해 이렇게 말했습니다.

"나와 너의 이견은 서로 **틀린** 깃 같아."

이 경우 역시 동료의 의견과 말하는 화자의 의견이 달라서 서로의 생각이 일치하지 않는다는 것을 말하려고 하는 것입니다. 따라서 이 문장은 "너의 의견은 나와 다른 것 같아."라고 말하는 것이 더 적절합니다. 특히 의견은 앞의 상황과 다르게 정답과 오답이 없기 때문에 '다르다'를 사용하는 것이 맞습니다.

'다르다'는 두 개 이상의 대상이 차이가 있음을 나타낼 때 사용하는 형용사입니다. '달라' '다르니' 등으로 활용됩니다. 두 대상의 성질이나 상태 혹은 특징이 서로 일치하지 않을 때를 표현하는 데 적합합니다. 서로의 차이점을 강조할 때 쓰이는 것이 바로 '다르다'입니다.

그 사람의 의견은 나와 **다르다**.
한국과 일본의 문화는 **다르다**.

반면 '틀리다'는 어떤 대상이나 사실이 옳지 않거나 잘못되었음을 나타낼 때 사용됩니다. 주로 정답이 아닌 경우, 논리적 오류가 있거나 규칙에 맞지 않는 경우에 쓰입니다.

이 수학 문제의 답이 **틀리다**.

그 말은 논리적으로 **틀리다**.

'틀리다'는 보통 객관적으로 옳고 그름이 명확히 판단될 수 있는 상황에서 사용됩니다. 반면 '다르다'는 의견이나 관점의 차이를 나타내는 상황에서 적합합니다.

네가 푼 수학 문제는 **틀렸다**.

→ 정답이 명확한 상황에서 쓰입니다.

그 사람의 취향은 나와 **다르다**.

→ 정답이 없는 주관적 의견을 말할 때 쓰입니다.

그러므로 이 두 단어를 틀리지 않고 쓰기 위해서는 옳고 그름이나 정답의 유무를 판단할 수 있는지 살펴보면 됩니다. '다르다'는 단순히 서로의 차이점을 나타낼 때 사용하고, '틀리다'는 명확한 기준에 의한 정답에서 벗어난 경우에 사용되기 때문입니다.

나는 매운 음식을 좋아하지만, 친구는 **다르다**.

각 나라마다 교육 제도가 **다르다**.

그 사람과 나는 생각하는 방식이 **다르다**.

너의 계산은 **틀렸어**, 다시 풀어봐.

여러 논리적 오류가 있는 그의 주장은 **틀렸다**.

'다르다'와 '틀리다'는 각각 다른 상황에서 사용되며, 이를 올바르게 구분하는 것은 명확한 의사소통에 필수적입니다. 의견이나 차이를 말할 때는 '다르다'를, 옳고 그름을 판단하거나 정답의 유무가 있는 경우에는 '틀리다'를 사용하는 것이 적절하며, 이를 통해 더 정확하고 부드러운 대화를 나눌 수 있습니다.

울타리를 넘어/너머 도망치다

한 번은 독서 모임에서 한 친구가 책 속에서 가장 인상적인 한 장면을 설명하며 이렇게 말했습니다.

"주인공이 울타리를 **너머** 도망치는 장면 있었잖아요. 그 부분에서 긴박감이 대단했어요."

하지만 이 경우에는 주인공이 울타리를 넘는 동작을 설명하려 했기 때문에 '너머'가 아닌 '넘어'를 사용했어야 합니다. 여기서는 울타리를 넘는 동작을 설명하는 것이기 때문입니다. 다른 예로, 얼마 전 친구와 등산을 하기 위해 북한산을 찾았을 때였습니다. 힘겹게 산등

성이를 한참 올라가는데 지나가던 등산객 한 분이 저희에게 이렇게 말했습니다.

"이 산 **넘어** 정말 멋진 풍경이 있습니다. 조금만 힘내세요! 거의 다 왔어요."

산에 오르는 것을 버거워하던 저와 친구는 그 한마디에 힘이 솟았지만, 엄밀히 말하면 이 문장은 틀렸습니다. 등산객은 우리에게 지금 이 산 너머에 멋진 풍경이 있는 공간이 있다는 것을 말해주고 싶었던 것입니다. 그러니 '넘어'가 아닌 '너머'를 써야 적절한 표현이 됩니다. 이렇듯 '너머'와 '넘어'는 의미가 확연히 다르기 때문에 잘 구분해야 사용해야 합니다.

'넘어'는 '넘다'라는 동사의 어간 '넘-'과 '-어'가 연결된 말입니다. 품사는 동사입니다. 반면 '너머'는 높이나 경계로 가로막은 사물의 저쪽, 또는 그 공간을 일컫는 말로 품사는 명사로 공간적인 위치를 나타냅니다.

물이 **넘어** 수도꼭지를 잠갔다.
→ 물이 넘쳐서 수도꼭지를 잠갔다.(동작)
산 **너머** 남쪽에는 누가 살길래

→ 산 뒤에 있는 공간인 남쪽에는 누가 살까(공간)

즉 '넘어'는 넘는 행위를 이야기합니다. 반면에 '너머'는 행동이 아니라 공간적으로 건너편을 의미합니다.

담을 **넘어** 집으로 들어갔다.(동작)

장마로 강물이 **넘어** 동네가 물바다가 되었다.(동작)

산 **너머** 보이는 구름은 토끼 모양이다.(공간)

뒤뜰 돌담 **너머**, 붉은 지붕의 건물(공간)

다시 정리하면 '넘어'는 주로 '어떤 장애물이나 경계를 지나가는 동작'을 뜻하는 동사로 무언가를 넘어가는 행위를 표현합니다. '너머'는 '어떤 사물이나 장소의 저쪽'을 의미하는 명사입니다. 이를테면 산 너머, 바다 너머처럼 무언가의 저편이나 그 너머에 있는 무언가를 지칭할 때 사용됩니다.

이 둘을 쉽게 구분하는 방법은 '넘어'는 동작을, '너머'는 위치나 공간을 나타낸다고 생각하는 것입니다. 예를 들어, 산을 넘는 행동이나 울타리를 넘는 동작을 표현하고 싶다면 '넘어'를 사용합니다. 반대로 어떤 물건이나 장소의 저편에 대해 말하고 싶다면 '너머'를 사용하면 됩니다.

그가 산을 **넘어** 달렸다.(동작)

그들은 울타리를 **넘어** 탈출했다.(동작)

산을 **넘어** 정상에 도착하자 비가 내리기 시작했다.(동직)

공이 담을 **넘어** 떨어졌다.(동작)

산 **너머**로 해가 지고 있다.(위치)

산 **너머**로 해가 진다.(위치)

강 **너머**에는 아름다운 들판이 펼쳐져 있었다.(위치)

저 **너머**에 무엇이 있을까?(위치)

결론적으로 이러한 차이를 명확히 알면 일상생활에서 자연스럽게 정확한 표현을 사용할 수 있을 것입니다.

그럭저럭 무난/문안한 편이네

해외 유학 중인 승민씨는 명절을 맞이하여 조부모님께 전화를 드렸습니다.

"할아버지, 잘 지내셨어요? **문안** 인사차 전화 드렸습니다. 명절인데 찾아뵙지 못해 죄송해요."

"아이고 타지에서 공부하는 네가 더 힘들지? 그래! 공부하는 데 어려움은 없니?"

"네! 걱정해 주신 덕분에 잘 지내고 있어요."

"**무난**하게 하고 있다니 다행이다. 어려움이 있으면 언제든 말해!"

"네, 그런데 할머니 건강은 어떠세요?"

"할머니는 검진 결과가 잘 나와서 이번 정기검진은 **무난하게** 통과

했다. 너도 건강 잘 챙기고."

"네! 다행이네요. 자주 **문안** 선화드리겠습니다."

"그래. 고맙다!"

두 사람의 대화에서 눈에 띄는 단어들이 있습니다. 바로 '문안'과

'무난'입니다. '문안(問安)'은 '안부를 묻다' 또는 '안부를 전하다'는

의미를 가집니다. 주로 웃어른이나 존경하는 분에게 예의를 갖추어

안부를 여쭙는 상황에서 쓰입니다.

할머니께 **문안** 인사를 드렸다.

반면 '무난(無難)'은 '특별히 문제나 어려움이 없는' 상태입니다. 대

체로 평범하거나 큰 어려움 없이 잘 지내는 상태로, 물건이나 스타일

이 너무 튀지 않아 누구에게나 적당하다는 의미로도 사용됩니다.

그 신발은 **무난**하게 신기 좋아서 누구에게나 어울릴 거야.

하지만 이 둘은 일상생활에서 자주 혼동되는 단어입니다. 두 단어

의 발음이 비슷하여 언어의 맥락을 잘 이해하지 못한 채 사용하면 착

각할 가능성이 큽니다. 특히 발음이 거의 동일하기 때문에, 문자나 글로 작성할 때뿐만 아니라 구어체로 표현할 때도 잘못 쓰기 쉽습니다.

한 회사의 회의 중, 팀장이 새 프로젝트에 대한 진행 상황을 점검하며 말했습니다. 아래와 같은 상황에서는 '무난'이 맞을까요, '문안'이 맞을까요?

"이번 프로젝트는 ○○하게 진행되고 있나요?"

팀장은 프로젝트가 특별한 문제나 어려움 없이 순조롭게 진행되고 있는지를 묻고 싶었던 것입니다. ○○안에 들어갈 단어는 과연 어떤 것일까요? 위의 상황에서는 '특별히 문제나 어려움이 없는' 상태를 가리키는 '무난'이 맞습니다.

'문안'과 '무난'을 헷갈리지 않고 사용하는 방법으로는 우선 단어의 본래 뜻을 기억하는 방법이 있습니다. '문안'은 '안부를 묻는다'는 뜻으로, '문(問)' 자가 들어가 '묻다'는 의미가 포함되어 있다는 점을 기억하면 좋습니다. 어른이나 윗사람에게 '문안 인사를 드리다'는 표현은 그래서 자연스럽습니다. 반면 '무난'은 '無(없을 무)'와 '難(어려울 난)'의 조합으로, '어려움이 없다'는 뜻을 담고 있습니다. 상황이나 사물이 문제 없이 평탄한 상태를 의미하는 것이죠.

두 번째로는 자주 쓰이는 표현을 함께 기억하는 것입니다. 예를 들면 '문안'은 주로 인사를 주고 받는 상황에서 쓰인다고 생각하면 좀 더 기억하기 쉽습니다. 또 '무난'은 '무난하게'라는 형용사나 부사처럼 사용되어 상황이나 사물이 평범하고 별 탈 없다는 의미로 씁니다. 익숙하거나 자주 쓰는 표현을 통째로 기억하는 것도 정확한 어휘를 사용하는 좋은 방법 중 하나입니다. '무난'한 언어생활을 위해서 이 정도의 노력은 필수입니다!

그는 나를 알은체/아는 체조차
하지 않았다

성희씨는 어느 날, 친구를 만나 다양한 취미에 대해 이야기를 나누었습니다.

"나 요새 다이어트하려고 PT 시작했어!"

"운동에는 관심 없던 네가 웬일이니? 근데 다이어트는 운동 20, 식단이 80인 거 알지? 운동도 좋지만 다이어트가 목적이라면 식단에 더 신경을 써야 해!"

"아이고 우리 성희! 또 시작이다. **알은체**! 그만!"

"친구야, 이럴 때는 '**아는 체**'란다!"

주변에 이런 사람 한 명쯤 꼭 있지요. 위의 상황에서 '알은체'와 '아는 체'는 올바로 사용된 것일까요? 두 단어는 발음과 표기가 비슷해서 혼동해서 쓰는 분들이 많은 딘어입니다. 우선 '알은체'는 명사로 '어떤 일에 관심을 가지는 듯한 태도를 보이다', 혹은 '사람을 보고 인사하는 표정을 짓다'를 뜻합니다.

남의 일에 **알은체**를 하다.
서로 **알은체**도 안 하다.

비슷한 말로는 '알은척'이 있습니다. 또한 동사로는 '알은체하다'와 '알은척하다'가 있습니다. '알은체'와 '알은척'에 '하다'가 붙어 만들어진 것입니다. 반면 '아는 체'는 '알지 못하면서 알고 있는 듯한 태도를 취한다'라는 뜻입니다. 아는 체는 '알다'라는 동사와 '체'라는 의존명사가 결합한 형태입니다. 그래서 '아는 체'는 반드시 띄어 써야 합니다. 동사로 '아는 체하다'가 있습니다.

아는 체 = 알다(동사) + 체(의존명사)
모르면서 **아는 체**하다가 망신만 당했다.

이렇듯 '알은체'와 '아는 체'는 일상에서 비슷한 발음과 표기로 인해 혼동하여 사용되는 경우가 많습니다.

한편 '알은체하다'와 '알은척하다'는 동의어입니다. '알은체하다/알은척하다'는 '알다'의 어간 '알-'에 관형형 어미 '-은'이 결합한 말이지만 '안'이 아닌 것은 '알은체하다/알은척하다'로 굳어졌기 때문입니다. 그러므로 '알은 척하다'와 같이 띄어 쓸 수 없는 한 단어입니다.

얼굴이 익은 사람 하나가 **알은체**하며 말을 걸어왔다.

친구가 **알은척**하며 네 이름을 불렀다.

모르면 **아는 척**하지 말고 가만히 있어.

이 두 표현은 상황에 따라 적절하게 사용해야 하며, 다음과 같은 경우를 통해 구분할 수 있습니다.

'아는 체하다'는 자신이 알고 있는 내용에 대해 이야기하거나, 아는 척하며 다른 사람에게 정보를 제공할 때 사용합니다.

그는 내가 좋아하는 음악에 대해 **아는 체**하며 이야기해.

반면 '알은체하다'를 사용해야 할 때는 주로 사람을 보고 인사하는 표정을 짓거나 어떤 일에 관심을 가지는 태도를 보이는 것에 해당하는 상황입니다.

길에서 우연히 구남친을 만났는데 그가 **알은체**해서 삼싹 놀랐다.

'아는 체하다'와 '알은체하다'는 비슷해 보이지만, 그 의미와 사용법에서 중요한 차이가 있습니다. 전자는 실제로 알고 있는 것을 아는 척하는 것이고, 후자는 아는 척하지만 실제로는 충분한 이해가 없는 상태를 뜻합니다.

위에 언급한 상황별 에피소드를 통해 두 단어의 차이를 잘 인지하면 일상생활에서 더욱 능숙하게 사용할 수 있습니다. 결국, 이러한 언어적 차이를 이해하고 활용함으로써 상대방과의 소통이 원활해질 뿐만 아니라, 표현의 풍부함도 더할 수 있을 것입니다.

이 자리를 빌려/빌어
감사의 말씀을 전합니다

연말 시상식에서 자주 듣는 수상 소감 단골 멘트입니다.

"이 자리를 **빌어** 저의 소중한 가족 엄마, 아빠 그리고 동생에게 고맙고 사랑한다는 말을 전하고 싶습니다."

수상의 기쁨을 혼자 누리는 것이 아닌 가족과 함께 나누고 싶은 고운 마음이 표현된 문장입니다. 하지만 어딘가 어색한 표현이 눈에 보이는데요. 바로 '이 자리를 빌어'에서 '빌어'의 사용입니다.

'빌어'는 '빌다'의 활용형으로, '바라는 바를 이루게 하여 달라고 신이나 사람, 사물 따위에 간청하다'의 뜻으로 쓰이는 동사입니다. 유의어로는 '기도하다' '기원하다' '바라다'가 있습니다.

> 소녀는 하늘에 소원을 **빌며** 눈물을 흘렸디
> 아이가 무릎을 꿇고 용서를 **비니** 엄마의 마음이 조금은 풀렸다.
> 그는 아들의 합격을 마음속으로 **빌었다**.

하지만 위의 상황에서는 상을 받게 된 뜻깊은 자리를 '빌리어' 소중한 가족들에게 사랑과 감사의 마음을 전하는 의미이기에 '빌다' 아닌 '빌리다'의 활용형인 '빌려'를 써야 합니다. '빌리다'는 '남의 물건이나 돈 따위를 나중에 도로 돌려주거나 대가를 갚기로 하고 얼마 동안 쓰다' '남의 도움을 받거나 사람이나 물건 따위를 믿고 기대다' '일정한 형식이나 이론, 또는 남의 말이나 글 따위를 취하여 따르다'라는 뜻을 가진 동사입니다

> 내가 너에게 책을 **빌려** 줄게.
> → 너에게 책을 잠시 사용할 수 있도록 해줄게.

이 때 '빌리는' 것은 책처럼 사물이 될 수도 있지만 누군가의 말이나 글도 가능합니다.

소설이라는 형식을 **빌려** 나의 속마음을 전하고 싶었습니다.

헤밍웨이의 말을 **빌려** 글을 왜 써야 하는지 말하려고 한다.

이 두 단어는 발음이 비슷하고, 각각의 형태가 다소 유사하기 때문에 많은 사람들이 헷갈려합니다. 특히 '빌려'와 '빌어'를 구별하지 못해 문맥에 따라 틀린 형태로 사용되는 경우가 잦습니다. 하지만 '빌리다'와 '빌다'는 엄연히 뜻이 다른 동사입니다. '빌리다'는 물건이나 돈을 잠시 사용하는 의미를 가집니다. 따라서 누군가에게 어떤 것을 '빌려 준다'는 상황에서 사용합니다. 반면 '빌다'는 간절히 어떤 것을 요청하는 의미이므로 주로 기도나 부탁을 할 때 사용합니다.

또 '빌려'는 주어와 객체를 명확히 하여 사용해야 하며, '빌어'는 대개 누군가에게 간청할 때 씁니다. 예를 들어, '내가 너에게 책을 빌려 줄게'와 같은 문장에서 '빌려'는 명확한 객체가 필요합니다.

나는 친구에게 돈을 **빌려줬다**.

나는 부모님이 건강하시길 **빌었다**.

인생에서 자주 찾아오지 않는 소중한 기회나 뜻깊은 자리에서 자신의 마음을 제대로 정확하게 표현하는 방법을 익혀둔다면 그 자리나 기회가 더욱 더 소중하게 기억되겠지요!

명태/동태/황태/코다리

이게 전부 같은 생선이라고?

명태는 북태평양에서 서식하는 대구과의 생선입니다. 한국과 일본, 러시아에서 잡힙니다. 겨울이 제철인 명태는 우리나라에서 오랫동안 중요한 식재료로 사용되어 왔습니다. 명태는 산지에서 잡힌 그대로의 상태일 때를 가리키며, '생태'라고도 불립니다. 명태 자체는 담백하고 깔끔한 맛이 특징이며, 다양한 요리의 기본 재료로 사용되는데요, 주로 담백한 맛과 씹는 식감이 좋은 회와 국물에 끓여낸 요리인 명태탕(혹은 생태탕)이 일품입니다.

동태는 얼린 명태를 말합니다. '凍(얼 동)'이라는 한자를 쓰고 있는 단어입니다. 보통 겨울에 잡은 명태를 바로 얼려서 보관하면 동태가 됩니다. 가격이 저렴하여 자주 쓰이는 식재료입니다. 동태는 그 자체로 국이나 찌개, 전 등으로 많이 사용됩니다.

황태는 명태를 얼렸다 녹이기를 반복하면서 건조한 것으로, 강원도 인제 지역의 황태덕장이 특히 유명합니다. 황태는 이러한 건조 과정을 거치면서 수분이 빠지고 맛과 향이 더욱 농축되며, 씹는 식감도 좋아집니다. 또한, 영양소가 풍부해져 단백질과 아미노산이 증가하는 특징이 있습니다. 황태는 특히 해장국으로 유명하며, 국물 요리와 구이로 많이 애용됩니다.

먹태는 황태와 유사하게 건조된 명태지만, 말리기 전에 겉부분을 그을린 형태로 가공됩니다. 고소한 불향과 독특한 맛이 더해지는 데다가 씹는 식감도 더 쫄깃하고 단단해집니다. 간단한 조리 후 바로 먹을 수 있는 것이 특징입니다. 특히 먹태를 불에 살짝 구워낸 먹태구이는 술안주로도 인기가 매우 좋습니다. 구운 후에 마요네즈나 간장 소스를 찍어 먹으면 더욱 맛있습니다.

또한 먹태를 얇게 찢어 양념을 해 간식으로 즐기는 먹태채 역시 씹는 식감이 좋고 고소한 맛이 일품입니다. 먹태의 인기로 먹태를 응용한 과자류가 많이 출시되어 남녀노소를 가리지 않고 좋아하는 식품으로 자리를 잡았습니다.

명태를 반건조한 상태인 코다리는 생태와 동태의 중간 단계라고 볼 수 있습니다. 완전히 말리지 않고 적당히 수분을 남긴 상태에서 가공한 코다리는 꾸덕꾸덕한 맛이 일품입니다. 조림이나 찜으로 많이 애용되고, 동태보다 맛이 농축되어 있으며, 부드러움과 쫄깃함이 동시에 느껴져 인기 있는 식재료 중 하나입니다.

이와 같이 명태의 이름은 상태와 가공 방식에 띠리 명칭이 제긱각입니다. 생태, 동태, 황태, 먹태, 코다리 등은 각각의 특징에 맞는 요리 방법이 있으며, 이러한 명칭을 정확히 이해함으로써 다양한 요리에 활용할 수 있을 것입니다.

명태의 상태에 따라 맛과 식감이 다르므로, 요리에 사용할 때 명칭을 구분하는 것은 요리의 완성도에 큰 영향을 미칩니다. 예를 들어, 생태는 국물 요리로 주로 사용고 동태는 찌개나 전 요리에 적합합니다. 반면 황태와 먹태는 건조된 상태로, 구이나 찜 요리에 더 어울립니다.

명태는 상태에 따라 보관 방법도 다릅니다. 생태는 신선도가 중요한 생물이므로 바로 요리하는 것이 좋습니다. 동태는 냉동 상태에서 보관하여 장기간 사용할 수 있습니다. 황태와 먹태는 건조된 상태이기 때문에 장기간 보관이 가능하며, 요리할 때 물에 불려 사용해야 합니다. 반건조 상태인 코다리는 반드시 냉장 보관이 필요합니다. 가공 방식과 상태에 따라 달리 붙여진 이름을 잘 익혀두면 더욱 건강하고 맛있게 즐길 수 있는 식재료가 명태입니다.

3장

둘 다 쓰지만 자주 헷갈리는 말

감기가 다 나아서/낳아서
내일은 출근할 수 있다

    우리말의 대표적인 언어적 오류 중 하나는 '나아서'와 '낳아서'의 혼동입니다. 이 두 단어는 발음이 유사하지만 의미는 전혀 다릅니다. '나아서'는 주로 상태의 회복을 의미하는 반면 '낳아서'는 출산이나 생산 또는 창작과 관련된 의미입니다.

    '나아서'는 동사 '낫다'의 활용형으로, 주로 병이나 상처가 회복되었을 때 사용됩니다. 즉, 신체적 또는 정신적 상태가 이전보다 좋아졌을 때 이 표현을 사용합니다. 예를 들어, '감기가 나아서 이제 괜찮아'라는 문장은 감기가 회복되었음을 의미합니다.

다리가 다 **나아서** 이제 걸을 수 있어.

감기가 **나아서** 이제 공부를 할 수 있겠어.

반면 '낳아서'는 동사 '낳다'의 활용형으로, 주로 생명을 출산하거나 무엇인가를 생산하고 만들어낼 때 사용됩니다. 출산이나 결과물을 만드는 과정에서 이 단어가 쓰입니다. 예를 들어, 아이를 낳아서 기른다는 문장은 아이를 출산한 후 키우고 있다는 뜻입니다.

그녀는 아기를 **낳아서** 기르고 있어.

작가가 오랜 시간 고민하며 **낳은** 이 책은 그의 창의성과 열정의 산물이다.

'나아서'와 '낳아서'의 가장 큰 차이점은 그 의미에 있습니다. '나아서'는 주로 상태의 회복을 나타내며, '낳아서'는 새로운 생명이나 결과물을 생산하는 행위를 나타냅니다. 이 두 단어는 의미적으로는 전혀 관련이 없지만 사람들이 말할 때 쉽게 혼동합니다. 특히 구어체에서는 사람들이 발음에 크게 신경 쓰지 않고 말하기 때문에 두 단어가 똑같이 들리기 쉽습니다. 이는 글을 쓸 때도 마찬가지입니다. 글을 쓸 때 머릿속에서 발음과 의미를 혼동하면 문맥에 맞지 않는 단어를 사용할 가능성이 큽니다.

아이를 건강하게 **나아서** 기뻐요. (✕)

아이를 건강하게 **낳아서** 기뻐요. (○)

첫 번째 예문의 '나아서'는 몸 상태의 회복을 의미합니다. 따라서 출산을 의미하는 '낳아서'로 바뀌어야 합니다.

하지만 실제 일상생활에서 두 단어는 혼동되어 사용하는 사람들이 많지요. 구체적인 에피소드를 통해 살펴보겠습니다. 수진이는 최근 발목을 다쳐 병원에 입원해 있었습니다. 한동안 깁스를 하고 움직일 수 없던 수진이는 몇 주 후에 상태가 좋아져서 깁스를 풀고 재활 치료를 받았습니다. 수진이는 친구에게 메시지로 자신의 건강 상태를 말했습니다. 같은 시간, 수진이의 엄마도 지인과 통화를 하며 수진이의 상태를 알렸습니다. 다음은 두 사람이 주고 받은 메시지입니다.

수진(친구에게)　　이제 발목이 많이 **나아서** 곧 걸을 수 있을 것 같아.

수진엄마(지인에게) 수진이 거의 다 **낳아서** 이제 나도 나갈 수 있어!

수진의 메시지는 문맥상 완벽합니다. '나아서'는 병이나 상처가 회복된 상황에서 사용되는 것이 맞기 때문에, 그녀의 발목 상태가 나아졌음을 나타내는 데 적절한 표현이었습니다. 하지만 수진이 엄마가 '낳아서'라고 말한 것은 틀린 표현입니다. 여기서 '낳아서'는 출산을 의미하는 동사이기 때문입니다. 발목 상태가 회복된 것과는 전혀 관계가 없습니다. 맞는 표현은 '나아서'입니다.

또 다른 상황을 살펴보겠습니다. 민경이는 첫 아이를 낳았습니다. 아이가 태어나고 난 후, 민경이는 출산과 육아로 매우 바쁜 나날을 보내고 있었습니다. 얼마 전 민경이의 집에 방문해서 출산과 육아 경험에 대한 이야기를 나누었습니다. 민경은 다음과 같이 말했습니다.

"아기를 **나은 지** 이제 한 달 됐어. 처음에는 힘들었는데 이젠 조금 적응이 되는 것 같아."

여기서 민경이 말한 '나은 지'는 '낳은 지'여야 맞는 표현이었습니다. 그녀는 아이를 출산한 상황에 대해 이야기하고 있었기 때문에, 출산을 의미하는 '낳은 지'가 적절한 표현입니다.

"아기를 **낳은 지** 이제 한 달 됐어. 처음에는 힘들었는데 이젠 조금 적응이 되는 것 같아."

이렇게 일상에서 자주 헷갈리는 '나아서'와 '낳아서'는 의미에서 가장 큰 차이점을 나타냅니다. 그러니 이를 잘 기억해서 상태의 회복과 관련된 문장에서는 '나아서'를 쓰고, 생명이나 무언가를 생산하는 행위를 뜻할 때는 '낳아서'를 써야 정확한 표현입니다.

　　조금 어렵고 힘들지만 올바른 표현을 자꾸 '낳는' 행동을 통해 우리의 언어생활이 더 '나아'졌으면 합니다.

이렇게 쉬운 것도 몰랐다니
정말 어이/어의가 없네

어느 날, 친구들과 함께 역사 드라마를 시청하고 있었습니다. 조선 시대가 배경이었던 드라마 속에서는 왕과 어의가 대화를 나누고 있었습니다. 그 장면에서 왕이 기침을 하며 어의를 부르는 순간, 친구 중 한 명이 갑자기 이렇게 말했습니다.

"왕이 너무 갑자기 기침을 하는 거 아니야? **어의**가 없네!"

이 친구가 말한 '어의가 없네'에서 '어의'는 상황에 맞지 않는 표현입니다. 아마도 친구는 '어의'와 '어이'를 혼동한 것 같았습니다. 만약 바르게 표현하려면 '어이가 없네'로 말해야 합니다.

'어이'는 감탄사로 사용되며, 주로 놀람, 어처구니없음, 당혹스러움을 표현할 때 쓰입니다. 누군가 예상치 못한 상황을 만들었거나, 말도 안 되는 행동을 했을 때 흔히 나오는 표현입니다.

어이없게도 그가 갑자기 사라졌어.
너 방금 뭐라고 했어? **어이가 없네.**

반면 '어의(御醫)'는 왕의 주치의를 뜻합니다. '어의'는 주로 조선시대에 사용된 직위로, 왕과 왕족의 건강을 책임졌던 사람을 가리킵니다. 한자가 다른 '어의(御衣)'는 왕의 옷을 말합니다.

그는 조선 시대의 유명한 **어의**였다.
왕은 **어의**를 불러 몸 상태를 확인했다.

위의 예문에서처럼 '어이'는 현재 우리의 일상에서 감정 표현으로 자주 사용되는 반면 '어의'는 역사적 맥락에서 사용되는 단어입니다. 확연한 차이에도 불구하고 '어이'와 '어의'는 발음이 거의 비슷하기 때문에 구어체에서 자주 틀립니다. 특히 빠르게 말하거나 대화 중 맥락을 충분히 고려하지 않고 사용하면 두 단어가 똑같이 들리기 쉽습니다. 이로 인해 사람들이 대화 중에 잘못된 단어를 선택해 문맥에 맞지 않는 표현을 쓰는 경우가 많습니다.

왕이 갑자기 **어이**를 불렀다.(×) → 왕이 갑자기 **어의**를 불렀다.(○)
어의가 없네, 정말.(×) → **어이**가 없네, 정말. (○)

다음은 일상적인 대화에서 발생한 또 다른 혼동 사례입니다. 한 사람이 동료들과 점심을 먹고 있었는데 동료 한 명이 자신의 경험담을 이야기하고 있었습니다. 그 동료는 회사에서 일어난 어이없는 상황에 대해 설명하며, 이렇게 말했습니다.

"진짜 **어의**가 없어서 내가 뭐라고 할 말이 없더라니까?"

'어의'는 과거에 존재했던 직책이나 왕이 입던 옷을 가리키는 말이지요. 동료가 이야기하는 맥락과는 맞지 않았습니다. 동료가 이야기하고자 했던 것은 '어이없다'라는 감정이었지만, 그는 단어를 잘못 선택한 것입니다.

'어이'와 '어의'를 구분하는 가장 쉬운 방법은 문맥을 고려하는 것입니다. '어이'는 감탄사로 사용되며, 놀라움이나 당황스러움을 표현할 때 쓰입니다. 반면 '어의'는 역사적 인물이나 직책, 왕의 옷을 가리키는 명사입니다. 따라서 대화나 글에서 이 두 단어를 사용할 때는 그 단어가 쓰이는 상황과 문맥을 신중하게 고려해야 합니다. 발음이 비슷한 두 단어를 구분하기 어려울 때는 천천히 발음해보는 것도 도움이 됩니다. '어이'는 가볍게 말할 수 있는 감탄사인 반면 '어의'는 명확한 명사이므로 발음할 때 약간의 차이가 있습니다. 이를 통해 말할 때 혼동을 줄일 수 있습니다.

많은 인터넷 글에서 '어이없다'의 비슷한 말로 '어처구니없다'를 말하며 '어이'는 '어처구니'와 같은 말이라고 전합니다. '어처구니'는 상상 밖의 엄청나게 큰 사람이나 사물을 뜻하는데 여러 문헌에 따르면 농기구의 머리 부분을 '어처구니'라고 불렀다고 합니다. 특히 맷돌의 손잡이 부분을 일컫는다고 합니다.

또한 일부에서는 궁궐이나 성문 등의 기와지붕에 있는 사람이나 갖가지 기묘한 동물들의 모양을 한 토우(잡상)들을 가리킨다는 말도 있습니다. 궁궐을 짓는 와장(瓦匠)들이 지붕의 맨 마무리로 어처구니(또는 잡상)을 올리는데 이것이 실수로 빠져 있는 경우를 '어처구니 없다'라고 했다고 전해집니다.(단, 학술적인 근거가 없는 것으로 알려졌습니다.) 더 이상 '어이'없게 틀리지 맙시다.

연애인도
연예할 수 있지

아침부터 열애 기사로 전국이 들썩입니다. 바로 유명 가수와 배우의 만남이기 때문인데요. 잠시 후 지인들의 단톡방에 계속해서 글이 올라옵니다. 기사를 보고 난 후 누가 더 손해다, 누가 더 아깝다와 같이 기준도 없고, 말도 안 되는, 터무니없는 이야기가 난무합니다. 역시 공개연애는 힘든 일이구나 싶습니다. 수많은 문자들 사이에서 읽다가 유독 제 눈을 의심하게 하는 문자에 멈추었습니다.

연애인이 **연예**하는데 뭐가 문제야?

두 눈을 여러 번 깜빡이다 한 번 더 읽어봅니다.

'연예(演藝)'는 주로 공연 예술과 관련된 분야를 뜻합니다. 연극, 영화, 음악, 무용 등 다양한 공연 예술이 포함됩니다. 즉, 사람들에게 즐거움을 주기 위해 무대에서 혹은 화면에서 펼치는 예술적 활동을 모두 칭하는 말합니다. 이 단어는 주로 직업적, 공적 의미에서 사용되며 예술 분야에서 활동하는 사람들을 지칭할 때도 쓰입니다.

그는 **연예**계에서 많은 경험을 쌓았다.
유명 **연예**인의 팬미팅이 성황리에 끝났다.

반면 '연애(戀愛)'는 개인 간의 감정적인 관계를 의미합니다. 이는 두 사람이 서로 사랑하거나 좋아하는 관계를 형성하는 것을 말하며, 주로 개인적이고 사적인 감정적 유대와 관련이 있습니다. 연애는 감정적인 교류와 로맨틱한 관계를 중점적으로 다루며, 일상적인 삶에서 자주 사용되는 용어입니다.

그들은 오랫동안 **연애**를 해왔고, 곧 결혼할 예정이다.
연애 중에는 서로에 대한 신뢰와 이해가 중요하다.

이 둘이 헷갈리는 이유는 단순합니다. 발음이 비슷하고, 글자의 모양도 거의 유사하기 때문입니다. 하지만 조사 하나 차이로 두 단어의 의미는 완전히 달라집니다. 우리말에는 이런 사례가 참 많습니다.

어느 날, 기차를 타고 가려고 플랫폼에 서 있었는데 안내 방송이 나오며 전광판에 이런 자막이 떴습니다.

> 기차가 곧 도착하오니 **주위**해주시고, 승강장 **주의**에 서 계신 분들은 한 걸음 물러나 주시기 바랍니다.

이 문장에서 역시 '주위'와 '주의'라는 단어가 틀리게 쓰였습니다. '주위'는 공간적 의미로, 주변을 의미하는 단어입니다. 반면 '주의'는 조심해야 할 사항이나 경각심을 가져야 하는 내용을 의미합니다.

위 문장을 다시 고쳐 쓰면 다음과 같습니다.

> 기차가 곧 도착하오니 **주의**해주시고, 승강장 **주위**에 서 계신 분들은 한 걸음 물러나 주시길 바랍니다.

'주위'와 '주의'는 영어로 그 뜻을 살피면 좀 더 쉽게 이해할 수 있습니다.

> 집 **주위**에 나무가 많이 있다.
> → 'around'나 'surroundings' 등 주변, 근처를 나타낼 때

길을 건널 때는 **주의**가 필요하다.

→ 'attention'이나 'caution' 등 주위, 경고 등을 나타낼 때

글자 하나 가지고 뭘 그리 신경을 쓰냐고 여길 수 있습니다. 하지만 작은 글자 하나가 전혀 다른 상황과 의미를 생성한다면 그것이야말로 불통을 부르는 지름길이 아닐까 싶습니다. '주위'를 잘 살펴보시면 진짜 '주의'를 해야 할 것이 무엇인지 모르는 채 엉뚱한 것에 온 신경을 쓰는 사람들이 많습니다. 바른 표현이 진정한 의사소통 수단임을 인지하고 제대로 표현할 수 있도록 '주의'를 기울여주세요!

네가 무슨 일을 하든/하던 별로 관심 없어

대학 시절, 친구 A는 며칠 앞으로 다가온 시험에 대해 걱정하면서 이렇게 말했습니다.

"내가 **하든 대로** 할 수 있으면 좋겠어."

친구 B는 그 문장을 듣고 '하든 대로?'라며 묻기 시작했습니다. A는 자신이 말하고자 한 의미가 제대로 전달되지 못했음을 깨닫고 자신이 해오던 일이 있는데, 그걸 계속 할 수 있으면 좋겠다는 의미였다고 다시 설명했습니다. 아마도 친구 A는 '하던'과 '하던'의 의미를 헷갈렸고, 친구 B가 되묻자 다시 생각을 하여 말을 고쳐서 이야기한 듯

합니다.

'하든'은 동사 하다의 활용형으로, 특정한 조건이 충족될 때의 행동이나 상태를 나타내는 표현입니다. 주로 '하든 말든' 형태로 사용되며, 어떤 일이 이루어지거나 이루어지지 않더라도 상관하지 않는다는 의미를 담고 있습니다. 즉, 주로 어떤 일이 발생할 때 그 여부와 관계없이 그 결과를 받아들인다는 의미를 내포합니다.

그 사람이 이 일을 **하든 말든** 상관하지 않을 거야.

이 표현은 종종 무관심하거나 상황에 대한 불확실성을 표현할 때 사용됩니다. 따라서 '하든'은 어떤 행동의 유무나 결과에 대해 특별히 신경 쓰지 않는 상태를 나타냅니다. 반면 '하던'의 의미 동사 '하다'에서 파생된 형태로, 과거에 진행하던 행동이나 상태를 나타내는 표현입니다. 이는 특정 시점까지 지속되었던 행위나 상태를 지칭하며, 현재나 과거의 특정 시점에서 그 행동이 계속되었음을 나타냅니다. 이 표현은 주로 과거의 연속적인 행동을 설명할 때 사용됩니다.

나는 오늘까지 **하던** 일을 마저 끝내야 해.
그가 **하던** 공부를 중단하고, 휴학을 했다.

이렇듯 '하던'은 과거에 어떤 일을 지속적으로 하고 있었던 상태를 설명하며, 현재와 과거의 연속성을 강조할 때 사용됩니다.

'하던'과 '하든'을 혼동하지 않고 사용하기 위해서는 다음과 같은 점에 유의하면 좋겠습니다. '하든'은 주로 조건을 나타내며, 특정 조건이 충족될 때의 행동이나 상태를 표현합니다. '하던'은 과거의 연속적인 행동이나 상태를 설명합니다. 또한 '하든'은 상관없거나 무관심한 상태를 표현하며, '하던'은 과거에 진행되었던 행동을 지칭합니다. 또한 '하든'은 조건문에서 사용되며, '하던'은 과거 시제와 함께 사용됩니다. 각각의 문법적 형태를 이해하고 올바르게 사용하는 것이 혼동을 줄이는 데 도움이 됩니다. 표로 정리하면 다음과 같습니다.

	– 하던	– 하든
주로 쓰이는 시제나 문형	과거 시제에 주로 쓰임	조건문에서 주로 쓰임
의미	과거에 진행되었던 행동	상관없거나 무상심한 상태의 표현

다음은 광고에서 자주 접하게 되는 문장입니다.

문장a) 무엇을 **상상하던** 그 이상을 경험하게 될 것입니다.
문장b) 무엇을 **상상하든** 그 이상을 경험하게 될 것입니다.

과연 문장a와 문장b 중 어떤 게 올바른 문장일까요? 실제로 일어날 수 있는 여러 가지 중에서 어느 것이 일어나도 뒷문장의 내용이 성립하는 데 아무런 상관이 없음을 나타내는 경우라면 어미 '-든지'의 준말인 '-든'을 써서 표현하는 것이 바른 표현입니다.

앞선 예문의 경우 '무엇을 상상하든 말든 그 이상을 경험하게 된다'는 뜻이기에 두 번째인 '-하든'이 맞습니다. 또한 조건을 나타내는 문장이기 때문이기도 합니다.

무심코 아무 생각없이 '하던 대로'만 표현하며 내가 어떤 말이나 글을 '사용하든 말든' 상관하지 않는다면 성장하는 삶을 살 수 없습니다. 그러니 유용한 내용은 잘 기억해 두었다가 문맥과 상황에 맞게 정확하게 쓴다면 더 이상 '하던 대로' 하는 사람이 아닌 좀 더 나은 사람이 될 것입니다.

어제 개봉한 그 영화,

아주 재밌다는대/재밌다는데?

새로운 영화나 드라마가 나올 때면 친구들끼리 이런 이야기를 나누는 경우가 많습니다.

"그 영화(드라마) 어때?"

"아직 못 봤는데 사람들이 **재미있다는대/재미있다는데**?"

"그래! 나도 찾아서 봐야겠군!"

이런 경우 '재미있다는대'와 '재미있다는데' 중 어떤 말을 써야 할까요? '-는데'는 연결 어미로 주로 동사와 형용사 뒤에 붙어 두 문장을 연결하는 역할을 합니다. 문맥에 따라 다양한 의미로 사용될 수 있으며, 크게 다음과 같은 상황에서 사용됩니다.

첫 번째는 설명이나 배경을 제시할 때입니다. '-는데'는 주로 앞에 나온 상황을 설명하고, 뒤에 이어질 내용을 자연스럽게 연결할 때 사용됩니다. 이때 '-는데'는 배경 설명이나 추가 정보를 제공하는 역할을 합니다.

밖에 비가 **오는데**, 우산을 가져가야 할 것 같아.

이 문장에서는 비가 온다는 사실을 설명한 뒤에 거기에 따른 행동으로 우산을 가져가야 한다는 결론까지 자연스럽게 이어집니다.

두 번째는 반대의 의미를 나타낼 때입니다. '-는데'는 두 문장의 의미가 대조적일 때도 사용됩니다. 앞에 나온 사실과 뒤에 이어질 내용이 서로 반대되거나 모순될 때 자주 쓰입니다.

나는 준비가 다 **됐는데**, 그는 아직 준비가 안 됐어.

이 문장은 자신은 준비가 다 끝났는데, 그는 아직 준비가 끝나지 않은 반대 상황을 대조적으로 연결하고 있습니다.

세 번째는 질문을 던질 때 사용됩니다. '-는데'는 의문문에서도 자주 사용되며, 상대방에게 질문을 할 때 부드럽게 질문을 던지는 분위기를 줍니다. 이는 상대방에게 정보를 요청하거나 상황을 확인할 때 유용하게 쓰입니다.

지금 어디 **가는데**?

이 문장에서 상대방에게 어디로 가는지를 묻는 질문이지만, '-는데'를 사용하여 부드럽고 자연스럽게 물어보고 있습니다.

네 번째, 기대나 의문을 나타낼 때 쓰입니다. 상황에 따라 '-는데'는 기대감을 나타낼 때도 사용되지요. 앞에 나온 상황에 대한 기대나 의문을 표현하며, 뒤에 이어질 내용에 대한 암시를 제공합니다.

그가 온다고 **했는데**, 아직도 안 왔네.

이 문장은 그가 온다고 했음에도 불구하고 아직 오지 않은 상황을 의문스럽게 표현하고 있습니다.

반면 '-는대'는 간접 화법에서 사용되는 표현입니다. 간접 화법은 다른 사람이 한 말을 전달하거나 인용할 때 사용됩니다. '-는대'는 '는다'와 '대'가 결합된 형태로, 주로 진술문의 인용에서 사용됩니다. 다른 사람이 말한 사실이나 의견을 제삼자에게 전달할 때 쓰이는 표현입니다.

그가 내일 **온다는대(온대)**.

이 문장은 그가 내일 온다는 정보를 다른 사람에게 전달합니다. '온다'라는 직접적인 진술을 '온대'로 변형하여 들은 말을 간접적으로 전달하고 있습니다.

또한 추측이나 불확실한 정보를 전달할 때도 '–는대'가 쓰입니다. 이는 듣는 사람이 그 정보를 반드시 믿지 않아도 되는 상황에서 자주 사용됩니다.

그 사람이 유명한 **배우라는대**(배우래)

이 문장은 그 사람이 유명한 배우라는 정보를 간접적으로 전달하는 동시에 말하는 사람 스스로가 그 정보에 대한 확신이 없을 때 사용될 수 있습니다.

더불어 명령문이나 청유문에서의 사용됩니다. 이 경우에도 간접적인 인용의 의미를 가지고 있습니다.

선생님이 내일 일찍 오라고 **하셨대**.

이 문장은 내일 일찍 오라는 선생님의 지시 사항을 간접적으로 전달하는 표현입니다.

이렇듯 '-는데'와 '-는대'는 발음이 비슷하지만 그 의미와 문법적 기능은 완전히 다릅니다. 이 둘의 차이를 명확히 구분하는 것이 중요합니다.

차이점	문법기능	사용되는 맥락	예문
-는데	문장을 연결하는 역할, 설명, 반대, 질문 기대	주로 설명이니 배경, 또는 두 가지 상황을 비교할 때 사용됩니다.	"밖에 비기 오는데, 우산을 가져가야 할 것 같아." (설명)
-는대	간접화법에서 다른 사람의 말을 인용하거나 전달하는 역할	다른 사람의 발언을 전달하거나 인용할 때 사용됩니다.	"그가 내일 온대." (간접 화법)

이 둘은 발음이 유사하지만, 문법적 역할은 완전히 다릅니다. 두 표현을 구분하기 위해서는 우선 문장이 어떤 목적을 가지고 있는지 파악하는 것이 중요합니다. 설명이나 상황을 이어주는 것인지, 아니면 다른 사람의 발언을 전달하는 것인지에 따라 '-는데'와 '-는대'를 구분할 수 있습니다.

설명, 배경 제공 → -는데
다른 사람의 말을 전달 → -는대

두 번째는 간접 화법인지 확인하는 방법입니다. 문장에서 다른 사람의 발언이나 정보를 인용하고 있는지 확인하고, 만약 그렇다면 '-는대'를 사용하는 것이 맞습니다.

마지막으로 문법적 차이를 명확히 이해한 후, 반복적으로 연습하는 것이 중요합니다. 실제로 예문을 만들어보거나 일상 대화에서 사용해 보면 자연스럽게 두 표현을 구분할 수 있게 될 것입니다.

그는 수학을
가르치는/가리키는 선생님이야

'가르치다'는 지식, 기술, 도덕적 가치를 누군가에게 전수하거나 알려주는 행위를 의미합니다. 한자로는 '教(가르칠 교)'에 해당합니다. 주로 교사나 강사가 학생에게 지식을 전하는 상황에서 자주 사용되며, 학문적이거나 실용적인 지식을 전달하는 데 사용됩니다.

선생님이 학생들에게 수학을 **가르쳤다**.

이 문장에서 '가르치다'는 교사가 학생들에게 수학이라는 지식을 전수하는 행위를 뜻합니다. 하지만 '가르치다'는 단순히 교사나 강사가 학생에게 지식을 전하는 학문적·실용적 상황에서만 사용되는 것은 아닙니다. 생활습관이나 기술, 예의범절 등 다양한 분야에서 사용할 수 있습니다. 예를 들어 기술을 가르치는 상황을 살펴보면

아버지가 아들에게 자전거 타는 법을 **가르쳐** 주었다.

이 문장에서 '가르치다'는 자전거 타는 방법이라는 특정 기술을 전수하는 것을 의미합니다. 또한 도덕적인 가치를 가르치는 상황에서도 쓰일 수 있습니다.

어머니는 아이에게 정직의 중요성을 **가르쳤다**.

이 문장에서 '가르치다'는 단순한 정보 전달이 아닌, 가치관을 심어주는 행위를 의미합니다. 그리하여 '가르치다'에는 '교육하다' '지도하다' '훈련시키다' 등이 포함되어 있습니다. 이들은 모두 지식이나 기술, 혹은 도덕적 원칙을 누군가에게 전수하는 행위를 뜻합니다. 하지만 단어마다 세부적인 의미 차이가 존재합니다.

'교육(敎育)하다'는 주로 학교나 교육기관에서 이루어지는 포괄적인 교육 과정을 의미합니다. '지도(指導)하다'는 구체적인 기술이나 지식을 단계별로 가르치는 것을, '훈련(訓練)시키다'는 반복적인 연습을 통해 특정 능력을 습득하게 하는 과정을 뜻합니다.

반면 혼동되어 자주 쓰이는 '가리키다'는 손가락이나 어떤 도구를 사용하여 특정 대상을 지목하거나 특정 방향을 알려주는 행위를 의미합니다. 이는 주로 물리적인 위치나 대상을 명확히 지적할 때 사용되며, 지리적이거나 구체적인 대상을 지목하는 데 사용됩니다.

그는 지도에서 서울의 위치를 **가리켰다**.

이 문장에서 '가리키다'는 지도를 보고 서울이라는 특정한 위치를 손가락이나 다른 도구로 지적하는 행위를 의미합니다. 아래 문장과 같이 물리적인 대상을 가리키는 상황에서도 쓰일 수 있습니다.

그는 손가락으로 하늘을 **가리켰다**.

이 문장에서 '가리키다'는 손가락을 사용해 하늘이라는 물리적 대상을 지목하는 행위를 의미합니다. 또한 방향을 '가리키는' 상황에서도 '가리키다'가 쓰입니다.

표지판이 오른쪽을 **가리키고** 있다.

이 문장은 표지판이 특정한 방향을 지시하는 상황을 묘사하고 있습니다. 하지만 이외에도 다양한 상황에서 여러 의미로도 사용될 수 있습니다. 그때 '가리키다'와 유사한 의미로 사용되는 단어로는 '지시하다' '표시하다' '지목하다' 등이 있습니다. 이 단어들 또한 특정 대상이나 방향을 지적하는 행위를 나타내지만, 사용되는 상황이나 맥락에 따라 차이가 있습니다. 예를 들면 '지시하다'의 의미로 사용된 경우는 다음과 같습니다.

선생님은 지도를 **가리키며** 한국의 위치를 설명했다.

여기서 '가리키다'는 명령이나 요청을 통해 특정 행위를 하도록 지적하는 의미로 사용되었습니다. 또한 '가리키다'는 '표시하다'라는 의미로 사용되기도 합니다.

온도계가 영하 5도를 **가리키고** 있었다.

여기서 '가리키다'는 온도계가 영하 5도를 '표시하다'는 의미로 사용되고 있습니다. 더불어 '가리키다'는 '지목하다'라는 의미로도 사용됩니다.

형사는 사건의 유력한 용의자로 그 남자를 **가리켰다**.

이 문장에서 형사는 사건의 유력한 용의자로 그 남자를 '지목했다'라는 의미로 '가리켰다'를 썼습니다. 그러므로 '가리키다'라는 의미에는 다음과 같은 의미로 있다는 사실을 인지하면 좋겠습니다.

① 지시(指示)하다: 명령이나 요청을 통해 특정한 행동을 하도록 지적하다.
② 표시(標示)하다: 대상을 명확히 드러내거나 표식으로 나타내다.
③ 지목(指目)하다: 여러 대상 중에서 특정 대상을 선택해 지적하다.

정리하자면 '가르치다'는 지식이나 기술을 전수하는 행위를 의미하는 반면 '가리키다'는 물리적 대상이나 방향을 지적하는 행위를 의미합니다. 즉, '가르치다'는 추상적이거나 교육적인 의미를 담고 있고, '가리키다'는 구체적이고 물리적인 의미를 가지고 있습니다.

그는 학생들에게 역사 수업을 **가르쳤다**.
→ 학생들에게 지식을 전달하는 행위를 뜻합니다.

그는 책에서 중요한 부분을 **가리켰다**.
→ 책에서 특정 부분을 지적하는 물리적인 행위를 뜻합니다.

이 두 단어를 혼동하지 않으려면 각각의 단어가 어떤 의미인지 명확히 이해하는 것이 중요합니다. '가르치다'는 지식이나 기술을 전수하는 것, '가리키다'는 대상이나 방향을 지적하는 것입니다. 또한 문장에서 어떤 단어가 적절한지 결정할 때 그 상황이 지식이나 기술을 전수하는 것인지, 아니면 물리적인 대상을 지적하는 것인지 판단해 보세요. 상황에 맞게 구분하는 연습을 지속적으로 한다면 실수를 줄일 수 있습니다. '가리키는' 대상이 무엇인지 정확하게 안다면 '가르치는' 바가 무엇인지도 파악하기 쉽습니다.

한 문제만 더 맞혔으면/맞췄으면 100점이었을 텐데!

학교에서 퀴즈 대회가 열렸습니다. 학생들은 각자 문제를 풀고 있었습니다. 진행자가 "다음 문제! 캐나다의 수도는 어디일까요?"라고 물었을 때, 학생 C가 자신 있게 "오타와!"이라고 외쳤습니다. 진행자는 이어 정답을 외치며 다음과 같이 말합니다.

"C학생이 문제를 **맞췄습니다/맞혔습니다!**"

둘 중에서 과연 어떤 게 맞는 문장일까요? '맞추다'는 동사로 서로 떨어져 있는 부분을 제자리에 맞게 대어 붙이다 혹은 둘 이상의 일정한 대상을 나란히 놓고 비교하여 살피거나 서로 어긋남이 없이 조화를 이룬다는 의미로 사용됩니다. 흔히 다음 예문들과 같은 단어로 의미와 비슷한 의미로 쓰입니다.

문과 문틀을 끼워 **맞추다.**
→ 두 개 이상의 것을 서로 비교하거나 조정하여 일치하게 만드는 행위를 나타냅니다.

시험지의 답을 **맞추다보니** 틀린 문제가 많음을 알게 되었다.
→ 문제나 퍼즐의 정답을 알아내거나 도출합니다.

함께 운동할 시간을 서로 **맞추기가** 힘들다.
→ 시간, 계획 등을 일정한 기준에 맞게 조정하는 의미입니다.

'맞히다' 역시 동사입니다. 문제에 대한 답을 틀리지 않게 하거나 침, 주사 따위로 치료를 받게 하다, 물체를 쏘거나 던져서 어떤 물체에 닿게 하는 행위를 말합니다. 비슷한 의미로는 '정답을 말하다' '표적에 닿다' 등이 있습니다.

그는 수학 문제의 답을 정확히 **맞혔다.**
→ 문제나 퀴즈의 정답을 알아냈다는 의미

그는 다트 게임에서 정확히 과격을 **맞혔다.**

→ 무언가를 던지거나 쏘아서 목표물에 명중하는 상황을 의미

두 단어의 사용에 혼동이 없기 위해서는 두 단어의 의미를 명확하게 알고 있는 것이 좋습니다. '맞추다'는 정답을 찾아내는 의미도 있지만 두 가지 이상을 조정하여 일치시키는 맥락에서도 사용됩니다. 반면 '맞히다'는 정답을 말하거나, 목표물에 도달하게 하는 행위로 주로 퀴즈, 문제, 목표물 등에 대한 명중이나 정답을 찾아내는 의미에서 사용됩니다.

예를 들어 시험 문제에 대해 생각할 때는 '정답을 맞히다'라고 말해야 하며, 옷이나 신발 같은 물리적인 물건을 선택할 때는 '사이즈를 맞추다'라고 말해야 합니다. '문제를 풀고 있다'라는 문맥에서는 '맞히다'가 더 자연스럽고, '일정이나 스케줄을 조정한다'는 문맥에서는 '맞추다'가 적절합니다.

그럼, 다음과 같은 상황에서는 어떤 단어가 맞는지 살펴볼까요? 친구 D가 스포츠 이벤트에 참가했습니다. 그는 농구 슛 대회에 나갔고, 목표는 3점 슛을 많이 성공시키는 것이었습니다. D는 긴장된 상황에서 첫 슛을 던졌고, 공은 정확히 림을 통과했습니다. D는 흥분하며 "정확히 맞혔어!"라고 외쳤습니다. 이때 D가 사용한 동사는 '맞히다' 였습니다. 그는 표적에 공을 맞추는 상황이었기 때문입니다.

반면 다른 날 D는 친구들과 함께 팀 프로젝트를 하고 있었습니다. 그들은 발표 자료를 만들고 있었는데, D는 친구들과 의견을 조정하여 발표 내용을 정리했습니다. "이 부분은 서로 다시 맞춰보자."라고 말하면서 D는 '맞추다'라는 동사를 사용했습니다. 여기서는 서로의 의견을 일치시키는 상황이었기 때문입니다.

이처럼 두 단어는 상황에 따라 사용이 달라지며, 혼동하지 않기 위해서는 처한 상황이 '무엇을 조정하거나 일치시키는지' 혹은 '정답이나 목표를 맞추는지'에 따라 동사를 선택하는 것이 중요합니다. '맞추다'는 조정이나 일치, '맞히다'는 정답이나 목표에 대해 말하는 상황에서 쓰입니다.

시계를 **맞추다**.

→ 시간을 조정하는 상황

옷을 몸에 **맞추다**.

→ 옷을 몸에 맞게 조정하는 상황

어려운 문제를 **맞히다**.

→ 정답을 맞추는 상황

다트를 과녁에 **맞히다**.

→ 목표물에 명중하는 상황

결론적으로 '맞추다'와 '맞히다'는 의미가 유사해 보이지만, 실제로는 서로 다른 상황에서 쓰이는 단어입니다. 일상생활에서 사용하는 단어를 상황과 문맥에 맞게 잘 '맞추다'보면 어느새 우리가 목표하는 원활한 의사소통과 깔끔하고 담백한 자기 표현에 한발 더 나아갈 것입니다.

4장

둘 다 인정되는
복수 표준어

어머님은 짜장면/자장면이
싫다고 하셨어

god의 노래 〈어머님께〉의 한 대목입니다. 이 노래의 가사 중 가장 유명한 부분이기도 하지요. 1999년에 나온 이 노래는 돌아가신 어머님을 향한 자식의 고백이 담긴 노래입니다.

생전에 어머님께 사랑한다는 말도 제대로 못한 자식이 어느 날, 어머니를 회상하며 떠오르는 장면으로 노래는 시작됩니다. 어린 시절 지독하게 가난했던 노랫말 속 주인공은 엄마가 일터에 나가서 일하는 동안 매일 혼자 라면을 끓여 먹었습니다.

그러던 어느 날, 매일 먹던 라면이 지겨워 엄마에게 맛있는 것 좀 먹자며 대듭니다. 곤궁한 살림에 외식 한번 해 본 적 없었기 때문인데요. 이때 어머니는 몰래 숨겨둔 비상금을 꺼내 '자장면'을 시켜주셨고, 주인공이 너무나 맛있게 먹는 동안 어머님은 내내 그 모습만 바라보았습니다. '자장면'을 먹지 않는 엄마를 향해 주인공은 묻습니다.

"엄마! 왜 **자장면** 안 먹어?"
"엄마는 **자장면** 싫어해. 너 많이 먹어."

노래 속 어머님은 정말 '자장면'을 싫어했을까요? 이제는 누구나 다 알 겁니다. 어머니가 가진 돈이 '자장면' 두 그릇을 사기에 충분하지 않았거나 혹은 두 그릇을 시켰지만 너무나 잘 먹는 자식에게 자신의 그릇마저 내어주기 위한 핑계였다는 것을요. 주인공은 어른이 되고서야 그때 그 장면을 떠올리며 어머니의 사랑을 깨닫고 그런 어머니를 그리워하는 것이 이 노래의 전체 내용입니다.

이 노래의 가사를 천천히 읽어보면 노래로만 들었을 때보다 더 진한 감동이 몰려옵니다. 그리고 이 노래에 이토록 슬픈 사연이 담겼다는 것을 새삼 알게 되었습니다. 그러다 문득 가사지에 적힌 단어 하나가 눈에 들어옵니다. 바로 '자장면'입니다.

자장면은 볶은 춘장에 채소와 고기 등의 재료를 다시 넣고 식용유에 볶아 면과 함께 비벼 먹는 한국식 중화요리입니다. 중국 요리 중 하나인 작장면(炸醬麵)이 한국에 유입되면서 한국식으로 변형된 것인데요. 외식문화가 지금처럼 발전하기 전까지 졸업식이나 입학식, 승진, 이사 등 특별히 축하할 일이 있는 날 빠질 수 없는 음식 중 단연 1위였습니다. 그렇다면 왜 이 노래의 가사지에는 '짜장면'이 아닌 '자장면'이라고 표기되어 있었을까요?

짜장면이냐, 자장면이냐 그것이 문제로다!

'짜장면'과 '자장면'은 오랫동안 뜨거운 논란의 중심에 있었습니다. 일상에서 '짜장면'을 '자장면'으로 발음하는 사람은 거의 없습니다. 한 아나운서가 방송에서 "제가 진행하는 뉴스에서는 '자장면'이라고 발음하지만 일상생활에서는 저도 짜장면이라고 합니다"라고 말할 정도였습니다. 일상과 유리된 언어로 인해 '짜장면'과 '자장면'은 매번 도마 위에 오르곤 했습니다.

표준어를 제정하는 국립국어원은 2011년 8월 31일에 '짜장면'과 '자장면' 둘 다 표준어로 인정하며 이후부터는 '짜장면'도 드디어 표준어가 되었습니다. 국립국어원은 언중(言衆)이 실생활에서 많이 사용하고 있으나 그동안 표준어로 인정하지 않았던 '짜장면' '먹거리' 등 39개의 단어를 표준어로 인정했습니다. 당시 국립국어원은 새로 인정한 표준어 항목은 크게 세 가지로 밝혔습니다.

첫째, 현재 표준어로 규정된 말 이외에 같은 뜻으로 많이 쓰이는 말이 있어 이를 복수 표준어로 인정한 경우입니다. 예를 들어 '간질이다'는 비표준어였지만 일상에서 '간지럽히다'로 많이 쓰였기에 둘 다 인정했습니다. 이외에 '남우세스럽다-남사스럽다' '목물-등물' '만날-맨날' '묏자리-못자리' '복사뼈-복숭아뼈' '세간-세간살이' '쌉싸래하다-쌉싸름하다' '고운대-토란대' '허섭스레기-허접쓰레기' '토담-흙담' 등입니다.

둘째, 현재 표준어로 규정된 말과는 뜻이나 어감 차이가 있어서 이를 인정하여 별도의 표준어로 인정한 경우입니다. '눈꼬리'는 어떤 대상을 바라볼 때 눈에 나타나는 표정을 말합니다. 예를 들어 '그녀는 매서운 눈초리를 가졌다'라는 문장이 있다면 이 문장의 의미는 그녀가 어떤 대상을 바라볼 때 눈에 나타나는 표정이 매섭다는 의미입니다. 이에 반해 비슷하게 쓰이던 '눈꼬리'는 눈의 귀 쪽에 째진 부분을 일컫는 말로 신체의 특정 부위를 지칭하는 단어입니다. 국립국어원은 '눈초리'와 '눈꼬리'를 구분하여 둘 다 표준어로 인정함으로써 더욱 세밀한 표현을 할 수 있도록 했습니다.

비슷한 의도로 '날개'의 문학적 표현으로 쓰였던 '나래'의 경우 '날개'와 '나래'를 둘 다 표준어로 인정해서 문맥의 의미에 따라 두 단어를 쓸 수 있도록 명확하게 구분했습니다. '뜰'과 비슷하게 쓰였던 '뜨락'도 마찬가지입니다. 두 단어의 뜻 모두 집 안의 앞뒤나 좌우로 가까이 달려 있는 빈터로 화초나 나무를 가꾸는 공간을 일컫는 말입니다. 하지만 뜨락의 경우 좀 더 '앞말이 가리키는 것이 존재하거나 깃

들어 있는 추상적인 공간을 비유적으로 이르는 말'이라는 의미를 더해서 두 단어 모두 표준어로 인정했습니다. 뜻이 비슷하지만 미묘한 차이를 인정한 사례들입니다. '내음'과 '냄새'의 경우도 비슷한 의미지만, '내음'의 경우 기분 나쁘거나 향기롭지 않은 '냄새'에만 제한적으로 사용하는 표준어로 인정했습니다.

셋째, 표준어로 인정된 표기와 다른 표기 형태도 많이 쓰여서 두 가지 표기를 모두 표준어로 인정한 경우입니다. 바로 앞선 예시의 '자장면'이 이 경우에 해당합니다. '자장면'이라는 표준어가 있지만 많은 사람이 일상에서 '짜장면'으로 발음하기에 '짜장면'도 표준어로 둘 다 인정했습니다. 그 외에 '태견'과 '택견' 그리고 '품새'와 '품세'도 둘 다 표준어로 인정한 경우입니다.

그리하여 길고 길었던 '짜장면'과 '자장면' 논쟁은 2011년 이후 드디어 종식되었습니다. 그런데 그 후 또 다른 단어가 화두에 올랐습니다. 바로 '짜장면'의 영원한 친구 '짬뽕'입니다. 많은 사람들은 '짜장면'도 인정했으니 '짬뽕'도 인정해달라고 주장했습니다. 하지만 엄밀히 말해서 '짜장면'과 '짬뽕'은 그 결이 완전히 다른 단어였습니다.

왜냐하면 '짬뽕'은 일본 음식이고 일본어가 우리말로 들어와서 굳어진 경우이기 때문입니다. 짬뽕은 해산물 혹은 고기를 비롯한 다양한 채소를 기름에 볶고 난 후 닭뼈나 돼지뼈로 만든 육수를 넣어 끓이고 삶은 국수를 넣어 먹는 한국식 중화요리입니다. 중국 산동식

'차오마멘'에서 유리한 음식으로 일본어로 '잔폰'라고 불렸는데 일제 강점기때 조선의 청요리인 초마면이 일본의 잔폰과 비슷하다고 해서 '짬뽕'으로 불리게 되었습니다. 그리하여 '짬뽕'은 엄밀히 말해 일본식 언어 표현의 흔적이라고 할 수 있는 것입니다. '짜장면'과는 결이 완전히 다른 사례입니다. 게다가 '짬뽕'의 경우 '여러 가지를 뒤죽박죽 섞어놓은 상태'를 말하는 뜻까지 있어서 '짜장면'처럼 복수 표준어로 인정하기 어려운 것입니다.

한편 '짜장면'과 '자장면' 모두 복수 표준어로 인정한 것에 대한 반대 여론도 있었습니다. 예를 들어 '버스'를 발음할 때 '뻐스'로 하지만 표기를 '뻐스'로 하지 않는 것, '서비스'를 발음할 때 '써비스'로 하지만 '써비스'로 표기하지 않기 때문입니다. 같은 예로 게임[께임], 댄스[땐스]가 있습니다.

하지만 언어는 사용하는 사람에 의해 변하고, 이를 받아들이는 것 역시 언어를 사용하는 사람들의 몫입니다. 적당한 규칙과 기준을 인정하는 것도 다양한 언어생활과 세밀한 표현력에 큰 역할을 한다고도 볼 수 있겠지요.

귀한 그릇인데 깨트리면/깨뜨리면 어떻게 해요?

'-뜨리다'와 '-트리다'는 흔히 서로 뒤섞여 쓰이는 형태입니다. 이들 간에 약간 어감의 차이가 있는 듯도 하지만 그리 뚜렷하진 않습니다. 결국 이 두 가지의 형태는 하나의 의미를 나타내는 게 분명합니다. 표준어 규정 제26항은 이와 같이 한 가지 의미를 나타내는 형태 몇 가지가 널리 쓰이며 표준어 규정에 맞으면 모두를 표준어로 삼도록 규정하고 있습니다. 이 규정에 따라 '-뜨리다'와 '-트리다'는 둘 다 표준어입니다. 따라서 '깨뜨리고 / 깨트리고'는 모두 표준어로 인정됩니다. 다른 예로 '넘어뜨리다 / 넘어트리다' '쓰러뜨리다 / 쓰러트리다' '무너뜨리다 / 무너트리다' 등도 복수 표준어입니다.

'깨트리다'와 '깨뜨리다'는 모두 같은 의미를 지니며, 물건이 부서

지거나 깨지는 상황을 표현할 때 쓰입니다. 이 두 단어는 소리와 형태가 비슷하고, 뜻도 같아서 많은 사람들이 혼동해 사용하게 되었으며, 결국 둘 다 표준어로 인정받게 되었습니다. 그 과정을 이해하려면 우리말에서 발음의 차이와 표준어 제정 원칙에 대해 살펴볼 필요가 있습니다.

과거에 우리말 표준어는 특정 지역, 특히 서울과 경기 지역의 언어 습관을 기준으로 삼아 제정되었습니다. 하지만 지역에 따라 같은 뜻의 단어라도 발음이나 형태가 다소 다르게 표현되었고, 이런 차이로 인해 사람들이 헷갈려하는 경우가 많았습니다. '깨트리다'와 '깨뜨리다'의 경우도 마찬가지입니다. 둘 다 사전적 의미로는 '단단한 물체를 부수어 여러 조각이 나게 하다'라는 뜻을 가지지만, 과거에는 '깨뜨리다'만이 표준어로 인정받았습니다.

하지만 실제로 많은 사람들이 '깨트리다'라는 형태로도 자연스럽게 사용했고, 이 형태가 오랜 시간 동안 언어 생활에 깊숙이 자리 잡으면서 점차 인정받기 시작했습니다. 국립국어원은 실제 언어 사용이 변화함에 따라 표준어의 범위를 유연하게 조정합니다. 이를 통해 '깨트리다'도 표준어로 인정받게 되었고, 이제는 두 표현을 모두 표준어로 사용할 수 있습니다.

'깨트리다'와 '깨뜨리다'는 기본적으로 같은 의미입니다. 문장에 따라 자유롭게 사용할 수 있습니다. 두 단어 모두 '깨어 조각이 나게 하다'라는 의미를 갖고 있지만, 상황에 따라 약간의 의미 차이가 발생합니다. 우선 '깨트리다'의 경우 '깨뜨리다'에 비해 약간 부드러운 느낌을 줍니다. 주로 크기가 작거나 덜 단단한 것을 깰 때 많이 사용되는 말입니다.

유리컵을 **깨트렸다**.
실수를 해서 분위기를 **깨트렸다**.

반면에 '깨뜨리다'는 그보다 강한 느낌을 줍니다. 단단한 물건이나 중요한 규칙 또는 약속을 깰 때 주로 많이 쓰입니다.

커다란 항아리를 **깨뜨렸다**.
전통을 **깨뜨리는** 것은 쉽지 않다.

정리하면 '깨트리다'는 비교적 작은 물건, 감정, 분위기 등을 깰 때, '깨뜨리다'는 단단한 물건이나 규칙, 전통 등을 깰 때 쓰입니다. 그러나 실제로는 지역이나 개인의 언어 습관에 따라 취사선택해서 사용해도 의미의 큰 차이가 생기는 건 아니니 이 점 알아두시면 좋습니다.

우리말은 지역 방언도 다양하고, 서로 발음의 차이도 커서 같은 뜻을 가진 단어가 여러 형태로 존재합니다. '깨트리다'와 '깨뜨리다'처럼 이미 많은 사람들이 함께 사용하는 단어가 있다면, 그 둘을 모두 표준어로 인정하여 사용자가 더 쉽게 언어를 사용할 수 있도록 하는 것이 바람직합니다.

이와 같은 사례는 우리말에서 흔히 있는 일입니다. 언어의 유연성과 실제 사용에 대한 존중의 의미로도 받아들일 수 있습니다. 즉, '깨트리다'와 '깨뜨리다'를 함께 표준어로 사용함으로써, 언어가 사용자에게 더욱 친근하게 다가갈 수 있고, 의미를 더욱 원활하게 전달할 수 있는 것입니다.

또한 두 단어를 모두 표준어로 인정함으로써 사용자에게 다양한 표현 방식을 허용하고, 문장의 어감을 선택할 수 있는 폭도 넓어지게 됩니다.

김 대리,
다음 달에 장가들어요/장가가요?

'장가들다'와 '장가가다'는 모두 남자가 결혼하는 것을 의미하는 표현입니다. 하지만 두 단어의 어감과 사용 환경은 약간의 차이가 있습니다. 우선 '장가들다'는 결혼하여 아내를 맞이하는 일을 강조하는 표현입니다. 전통적으로 '들다'라는 동사는 '어떤 상태에 들어가다'라는 의미를 가지고 있습니다. 따라서 '장가들다'는 결혼을 통해 새로운 가정을 이루는 상황을 강조합니다.

그는 내년 봄에 **장가들** 예정이다.

반면 '장가가다'는 결혼하는 행위 자체를 강조하는 표현입니다.

'가다'라는 동사는 이동이나 변화의 의미가 포함되어 있어서 결혼이라는 새로운 상태로 나아간다는 의미를 전달합니다.

그는 올해 **장가갈** 계획이 있다.

이 두 표현은 같은 의미를 지니지만, '장가들다'는 결혼의 의무감이나 책임을 느끼는 의미가 강하고, '장가가다'는 결혼이라는 행위 자체에 초점을 맞춘다는 점에서 약간의 의미 차이를 보입니다. 그렇다면 이 두 단어는 어떻게 생겨난 것일까요?

'장가들다'는 '남자가 혼인을 하다'의 뜻입니다. 말 그대로 남자가 장인, 장모의 집인 장가(丈家)에 들어간다는 뜻입니다. 고구려 시대에는 모계중심 사회의 유습을 받아 결혼을 하게 되면 남자가 신부의 집에서 일을 하다가 첫 아이가 태어나면 비로소 독립하곤 했습니다. 지금은 이러한 풍습이 없어졌지만, 우리말에는 아직도 그 흔적이 남아 있습니다. 또 구식 결혼 후에 신랑이 사흘 동안 처가에 묵는 풍습도 있었지요. 이때 '장가들다' '장가가다'라는 말이 생겼던 것입니다.

우리말의 표준어를 제정하는 과정에서는 언어 사용의 실태를 반영하여 많은 방언이나 지역적 표현을 고려합니다. 많은 사람이 일상생활에서 두 표현을 자연스럽게 혼용하며 사용해왔기 때문에, 두 표현 모두 자연스럽고 정당한 표현으로 인정받게 되었습니다.

'장가들다'와 '장가가다'는 남자의 결혼을 의미하는 두 표현입니다. 둘 다 표준어로 인정받아 자유롭게 사용할 수 있습니다. 어감엔 조금 차이가 있을 수 있지만, 결국 둘 다 결혼이라는 행위에 대한 긍정적인 감정을 공유하고 있습니다. 결혼 소식을 전하는 대화에서 두 표현을 모두 사용함으로써, 친구들은 서로의 결혼 소식을 자연스럽게 나누고 이해하는 경험을 쌓을 수 있었습니다. 이처럼 언어는 사람들 간의 소통을 더 풍부하게 만들어주며, 그 과정에서 언어의 유연성과 다양성이 중요한 역할을 합니다.

5장

직장인이라면
꼭 알아야 할 한자어

심심한 위로를 전합니다

초등학교 시절, 친했던 친구의 부모님이 갑작스럽게 돌아가셨습니다. 당시 저는 친구에게 어떤 말을 건네야 할지 몰라 당황했습니다. 어린 마음에 위로라는 것이 단순히 힘내라는 말 정도면 충분할 거라 생각했지만, 친구의 눈물을 보면서 그보다 더 깊은 마음을 전해야 한다는 것을 깨달았습니다. 그때 담임 선생님이 친구에게 '심심한 위로를 전한다'라고 말하는 것을 듣게 되었습니다. 저를 비롯한 같은 반 친구들은 머리를 갸우뚱했습니다.

"선생님이 민철이한테 **심심한** 위로의 말을 전한다고 하셨어. 뭔가 이상하지 않니? 위로를 심심하게 한다는 뜻인가? 이상해!"

이때 옆에서 상황을 듣던 또 다른 친구가 사전을 찾아와서 직접 그 뜻을 읽어주며 말했습니다.

"애들아, '심심하다'는 마음의 표현 정도가 매우 깊고 간절하다는 뜻이래. 위로나 사과, 조의, 노고에 대해 마음을 표현할 때 쓰는 말이래!"

일상에서 자주 접하는 형용사로 하는 일이 없어 지루하고 재미가 없을 때 쓰는 말로 '심심하다'가 있습니다.

심심하던 참이었는데 너를 만나니 기쁘다.

하지만 위의 상황에서 쓰인 '심심하다'는 '甚(심할 심)'과 '深(심할 심)'을 써서 마음의 표현 정도가 매우 깊고 간절함을 나타내는 형용사입니다. '매우 깊고 진실하다'라는 뜻을 담고 있습니다. 특히 애도하는 마음을 전할 때 쓰는 이 단어는 상대의 슬픔을 가볍게 지나치지 않고 깊이 이해하고 있다는 진심 어린 감정을 나타냅니다.

심심한 감사를 전합니다.
심심한 조의를 표합니다.

앞선 상황에서 선생님은 상투적인 말로 친구를 위로하고 싶지 않으셨던 것입니다. 선생님의 위로에는 단순한 격려 이상의 진심이 담겨 있었습니다. 선생님께서는 친구의 슬픔을 마치 자신의 일처럼 여기며 위로를 건네셨고, 이는 '심심하다'라는 단어가 담고 있는 본래의 뜻이었습니다. 그날 이후 '심심한'이라는 표현이 '지루함'이 아닌 '깊고도 진실된 마음'을 담은 단어임을 마음으로 이해하게 되었습니다. 이 표현은 애도의 마음을 전할 때 사용되며, 그 진심을 전달하는 데 있어 미묘한 감정의 결을 드러냅니다.

위로는 타인의 아픔에 깊이 공감하고 그 마음을 표현하는 행위입니다. 누구나 슬픔 앞에 진심을 전하는 것이 쉽지 않기에, 우리는 종종 형식적인 위로의 말을 건네곤 합니다. 그러나 '심심한 위로'라는 표현은 그러한 형식적인 언어를 넘어서는 따뜻함을 담고 있습니다. 이는 상대의 고통을 함께 느끼려는 진실된 마음이기도 합니다.

언어는 시간이 지나며 의미가 변하기 마련이지만, 때로는 그 본래의 의미가 우리의 마음에 다시 새겨질 때 더욱 큰 울림을 줄 수 있습니다. '심심한'이라는 단어는 그러한 울림을 주는, 진심 어린 감정의 표현으로 남아있습니다.

발표 중에 생긴 기술적 오류로
곤욕/곤혹/곤경을 치렀다

직장인 인철씨는 회사에서 중요한 발표를 준비하던 중, 갑작스러운 기술 문제로 발표가 중단되는 일이 있었습니다. 당황스러웠던 인철씨는 우왕좌왕하며 문제를 해결하려 했지만, 이미 많은 사람들이 지켜보는 상황에서 쏟아지는 시선과 부담감에 심리적으로 큰 압박을 느꼈습니다. 인철씨는 안절부절했고, 회사의 임원진 이하 모든 사람들 앞에서 혼자 땀을 뻘뻘 흘리며 설명할 방법을 찾기 위해 애썼습니다.

겨우 발표가 끝나고 나서, 한 상사가 중요한 발표의 준비과정에서 기술적인 문제를 체크하지 못한 인철씨를 꾸짖었습니다. 이런 상황에서 인철씨가 느낀 감정은 '곤욕'이 맞을까요? '곤혹'이 맞을까요? 아니면 '곤경'이 맞을까요?

인철씨는 위 상황에서 '곤혹'을 느끼고, 또한 '곤욕'을 치렀다고 봐야 합니다. 이처럼 생각지도 못한 상황에서 느끼게 되는 황당함을 표현하는 단어로 '곤혹' '곤욕' '곤경'이 있습니다. 세 단어는 비슷한 뜻으로 보이지만 맥락과 상황에 따라 적절하게 사용하게 합니다. 의미에 조금씩 차이가 나기 때문입니다

'곤혹(困惑)'은 '困(괴로울 곤)'과 '惑(미혹할 혹)'이 결합된 단어로, '곤혹스럽다'는 '어떻게 해야 할지 몰라 혼란스럽고 당황스러운 상태'를 의미합니다. 여기서 '혹(惑)'은 '현혹된다'는 의미에서 비롯된 것으로, 혼란스러워 올바른 판단을 내리지 못하거나 길을 잃은 듯한 상태를 표현합니다. 곤혹은 외부적인 수치나 고난보다는 개인의 심리적인 혼란과 당혹스러움에 더 중점을 둔 단어입니다.

갑작스러운 질문에 그는 **곤혹스러운** 표정을 지었다.
예상치 못한 상황에 처한 그녀는 깊은 **곤혹을** 느꼈다.

이처럼 '곤혹'은 어떤 일이 혼란스러워 당황하고 어찌할 바를 모르는 상태를 설명할 때 사용됩니다.

'곤욕(困辱)'이라는 단어는 '困(괴로울 곤)'과 '辱(욕되게 할 욕)'의 두 한자에서 비롯되었습니다. '곤욕'은 특정 상황이나 타인에 의해 부당한 대우를 받아 수치심이나 치욕을 겪는 상태를 뜻합니다. 예를 들어,

누군가에게 모욕을 당하거나 비난을 받는 상황이 이에 해당합니다. 여기서 '곤(困)'은 '매우 힘들고 어려운 상태'를 의미하며, '욕(辱)'은 '모욕' 또는 '부끄러움'을 뜻합니다. 그러므로 '곤욕'은 신체적, 정신적으로 겪는 고난과 그에 따른 수치심을 포함하는 단어입니다.

> 공개적으로 비난을 받은 그는 큰 **곤욕**을 치렀다.
> 그 사건 이후, 그녀는 큰 **곤욕**을 겪으며 힘든 시간을 보냈다.

이 두 단어를 정확하게 쓰기 위해서는 각 단어가 사용하는 맥락과 그 상황에서 느끼는 감정에 주목할 필요가 있습니다. '곤욕'은 모욕, 부당함과 관련된 감정이 포함된 반면 '곤혹'은 혼란스러움과 당혹감에 중점을 둡니다.

따라서 때에 따라 모욕이나 부당함이 강조된다면 '곤욕'을, '혼란 또는 당황스러운 상황이라면 '곤혹'을 사용하는 것이 적절합니다. 이 둘을 잘 구별해서 사용하기 위해서는 상황과 감정을 떠올려보는 것이 좋습니다.

부당하게 비난받거나 공격을 당해 심리적 고통을 받는 경우가 있다면, 그때는 '곤욕'을 사용하는 것이 맞습니다. 예를 들어, 친구들 앞에서 부당한 비난을 받거나 의도치 않은 실수로 공개적인 자리에서 창피함을 겪는 상황에서는 '곤욕'이라는 단어가 어울립니다.

반면 어떠한 일이나 질문에 대해 당황스럽거나 난감하게 느껴지는 상황이라면 '곤혹'을 사용하는 것이 적절합니다. 예를 들어 면접 자리에서 예상치 못한 질문을 받거나, 갑작스럽게 일어난 사고로 혼란스러워진 상황에서는 '곤혹'이라는 단어가 잘 어울립니다.

비슷한 단어로 '곤경'이 있습니다. 곤경(困境)은 '곤경에 빠트리다'와 같은 형태로 잘 쓰이며 '어려운 형편이나 처지'를 일컫습니다.

내가 그 질문을 하면 그는 **곤경**에 빠질 것이다.

'곤욕'과 '곤혹' 그리고 '곤경'은 그 쓰임새와 의미에서 차이가 뚜렷합니다. '곤욕'은 외부적인 요인으로 인해 겪는 수치와 고통을 나타내며, '곤혹'은 내부적으로 느끼는 혼란과 당황을 의미합니다. '곤경'은 '어려운 형편이나 처지'를 나타냅니다. 이러한 차이를 이해하고 각 단어를 상황과 감정에 맞추어 사용함으로써, 일상에서 '곤경'이나 '곤욕'을 치르는 일이 없었으면 합니다.

나는 자기계발/자기개발에
힘쓰고 있다

해가 바뀔 때마다 우리는 새해 계획과 목표를 세웁니다. 이때 빠지지 않고 등장하는 것이 외국어 공부와 운동 그리고 독서와 글쓰기 등입니다. 여러분의 새해 계획에도 비슷한 것들이 있을 것 같은데요. 새해 계획에 자주 등장하는 외국어 공부, 운동, 독서와 글쓰기의 공통점이 무엇일까요? 바로 '자기계발'을 위한 것들인데요. 여기서 살짝 의문이 듭니다. 새해 계획에 자주 등장하는 것들은 '자기계발(自己啓發)'을 위한 것일까요? 아니면 '자기개발(自己開發)'을 위한 것일까요?

결론부터 말하자면 '자기계발'과 '자기개발'은 둘 다 맞는 표현입니다. 하지만 두 단어의 의미에는 약간의 차이가 있습니다. 먼저 '자기계발'은 개인의 전반적인 성장과 발전을 위한 활동을 지칭하며, 정신적, 정서적, 사회적 측면에서도 발전을 도모하는 것을 말합니다. 잠재되어 있는 자신의 슬기나 재능, 사상 따위를 일깨워주는 것을 의미합니다.

반면 '자기개발'은 개인의 능력이나 자질을 향상시키기 위한 과정이나 활동을 의미하며 주로 직업적, 학문적 성장을 위한 노력이 포함됩니다. 그래서 '자기개발'은 특정 분야에 초점을 맞춘 반면 '자기계발'은 보다 포괄적인 개념이라고 할 수 있습니다. 이렇게 두 단어의 의미가 다소 차이가 있는 이유는 '계발'과 '개발'의 의미 때문입니다.

먼저 '계발(啓發)'은 슬기나 재능, 사상 따위를 일깨우는 것을 뜻하는 말입니다.

엄지는 요즘 철학 수업을 들으며 사고력을 **계발**하는 중이다.

한편 '개발(開發)'은 토지나 자원을 유용하게 만들거나, 산업 또는 경제를 일으키는 행위를 뜻합니다. 새로운 물건을 만들거나 새로운 아이디어를 내놓는다는 의미로도 쓰입니다.

신제품 **개발** 프로젝트가 시작되어 바빠졌다.
유전 **개발** 사업에 뛰어들다.

간단히 정리하면 개발은 겉으로 드러나는 능력에 쓰고, 계발은 겉으로는 바로 드러나지 않는 것에 씁니다. 그래서 기술적인 것, 기능적인 것에 대해 다룬 책들을 '자기개발' 도서라고 하고, 영적인 것, 사고력과 지혜, 정신적인 수양 등에 대해 다룬 책을 '자기계발' 도서라고 하기도 합니다.

한자어를 봐도 차이를 알 수 있습니다. 두 단어 모두 '열다'의 뜻을 갖고 있지만, 개발의 '開(열 개)'는 난순하게 닫혀 있는 어떤 것을 여는 행위에 많이 쓰고, 계발의 '啓(열 계)'는 잠재력이나 가능성 등을 끌어내는 의미로 많이 씁니다.

그리하여 도서의 경우 자기개발 도서는 외국어, 건강, 요리, 기술, 공학, 과학, 참고서, 자격증, 컴퓨터, IT 등의 분야를 다룬 도서이고, 자기계발 도서는 에세이, 심리, 철학, 종교, 경영, 역사, 문화 등의 분야를 다룬 도서를 말합니다.

하지만 앞서 말했듯 요즘에는 '자기개발'과 '자기계발'을 명확하게 구분하지 않고 두 단어를 모두 자유롭게 사용합니다. 그리하여 둘 중 하나만 맞고 다른 하나는 틀렸다고 말할 수 없는 것입니다. '자기계발'이든 '자기개발'이든 그 무엇이 되었든 자신의 성장을 위해 무언가를 열심히 한다는 것, 그 자체만으로 아름답고 멋진 일입니다. 자신의 성장을 위해 '자기계발'에 힘쓰는 여러분의 앞날을 응원합니다.

우리 팀은 이번 대회에서 마침내 4연패를 달성했다

TV 중계로 야구 경기를 보던 두 사람이 싸우기 시작합니다. 이유는 응원하던 팀의 연속적인 승리 소식 때문인데요. 기분 좋은 소식을 들었는데, 왜 싸우는 걸까요? 다음은 둘의 대화 내용입니다.

A: 아니 그게 무슨 말이냐고? 우리 팀이 벌써 4경기 연속이겼는데 왜 연패냐고?

B: 그래! 이겼으니까 **4연패**지!

A: 그니까 왜 연패야? 연승이지?

B: 아 정말 답답하네! 공부 좀 해라! 공부 좀!

'우리 팀이 이번 대회에서 마침내 4연패를 달성했다'는 표현에서 '연패(連霸)'는 스포츠나 게임 등의 경쟁 상황에서 한 팀이나 개인이 연속으로 승리하는 것을 의미합니다. '연속 패배'의 뜻으로 오해하기 쉬운 난어이지만, '연패'는 '연승'처럼 지속적인 성공을 나타내는 용어입니다. 이렇듯 '연패'의 의미가 헷갈리는 것은 이 단어가 한자어이기 때문입니다. '연속으로 패배하다'는 뜻의 '연패(連敗)'와 발음이 같기 때문입니다.

'연패'는 '連(이을 연)'과 '霸(으뜸 패)'를 써서 '연속하여 지배하다'는 의미를 가지고 있습니다. 이 단어는 특정 대회에서 매년 혹은 연속으로 우승하는 상황을 표현하는 데 사용됩니다. 예를 들어, 특정 축구 리그에서 한 팀이 4년 연속으로 우승을 차지했다면, 이를 '4연패'라고 표현합니다. 이와 같이 연패는 연속적인 성공을 뜻하기 때문에, 그 의미를 오해하지 않도록 주의가 필요합니다.

연패와 비슷한 의미의 단어로는 '연승(連勝)'이 있습니다. '연승'은 연속적으로 승리한다는 뜻입니다. 스포츠 경기의 각각의 게임에서 이기는 상황에 주로 사용됩니다. 예를 들어, '우리 팀은 10경기 연승 중이다'라는 문장에서 '연승'은 개별 경기의 승리를 뜻합니다. 반면에 '연패'는 대회의 전체 우승을 연속해서 차지하는 것에 집중된 의미를 가지므로, 특정 대회나 리그에서 지속적인 승리를 거두는 것과 관련됩니다.

연패의 올바른 사용 예시로는 '우리 팀은 이번 대회에서 4연패를 달성했다'와 같이 한 팀이 특정 대회에서 네 번 연속 우승한 상황을 표현할 수 있습니다. 예를 들어, 월드컵에서 한 국가가 네 대회 연속으로 우승을 차지했다면 이를 '4연패'라고 표현할 수 있습니다. 이와 달리 특정 경기에서 네 번 연속 승리했다면 '4연승'이라고 해야 올바른 표현이 됩니다.

연패라는 표현은 스포츠뿐만 아니라 비즈니스, 예술, 학문 등 여러 분야에서도 사용될 수 있습니다. 예를 들어, 한 기업이 연속으로 가장 높은 수익을 달성했다면 '수익 4연패'라는 표현을 사용할 수 있습니다. 마찬가지로, 특정상을 매년 수상하는 경우에도 '수상 3연패'와 같이 표현할 수 있습니다. 연패의 개념은 지속적인 성공을 나타내므로, 이를 통해 어떤 분야에서의 꾸준한 성취를 강조할 수 있습니다.

'연패'는 대회의 연속 우승을 뜻합니다. 개인 또는 팀의 지속적인 성공을 상징하는 단어로, 매우 기분 좋은 의미로 쓰이지요. 단, 연속해서 실패한다는 의미의 '연패'와 발음이 같기 때문에 상황에 맞게 구별해서 사용하는 것이 좋습니다.

잔액이 모자라서
결제/결재가 안 됐다

　민수씨는 동호회의 총무로서 연말 송년회를 준비하느라 바쁩니다. 장소 예약, 음식 주문, 그리고 필요한 소품을 구매하는 일까지 그가 맡은 책임은 무거웠습니다. 송년회 당일, 민수씨는 아침 일찍부터 준비에 나섰고, 필요한 물품들을 체크하고, 약속된 시간에 맞춰 송년회장을 꾸미기 시작했습니다.

　모든 것이 순조롭게 진행됐습니다. 시작 시간에 맞춰 송년회에서 가장 중요한 음식과 물품 등이 속속 배달되기 시작했습니다. 민수씨는 회원들에게 따끈한 음식을 주기 위해 미리 예약주문을 하길 잘했다며 자신을 칭찬했습니다. 하지만 배달이 완료되고 음식값을 치르기 위해 카드를 꺼내는 순간, 민수씨의 카드가 계속해서 오류가 났습니다. 미처 현금을 준비하지 못한 민수씨는 당황하여 부총무인 설희씨에게 급히 문자를 전송했습니다.

> "설희씨, 내 카드가 계속 '**결재** 오류'가 나는데 지금 카드 갖고 입구 쪽으로 올 수 있을까요?"

부총무인 설희씨는 그의 문자를 받고 바로 민수씨에게 가서 자신의 카드를 꺼내 문제를 해결했습니다. 그리고 이내 민수씨를 향해 웃으며 한마디 했습니다.

> "총무님, 이런 경우에는 '결재'가 아니라 '**결제**'입니다!"

이런 상황은 회사생활을 하거나 친구나 동료, 동호인들과의 일상에서 자주 발생하는 일입니다. '결제(決濟)'와 '결재(決裁)'는 자주 틀리는 한자어 중 하나입니다. 똑같은 발음이지만 둘의 의미는 서로 완전히 다릅니다.

'결제'는 금전적인 거래에서 쓰이는 용어입니다. 돈을 지불하거나 받는 과정을 의미합니다. 주로 상업적 상황에서 사용되며, '카드 결제' '현금 결제'와 같은 표현에서 볼 수 있습니다. 반면 '결재'는 보통 상사의 승인을 얻는 과정을 뜻합니다. 주로 회사에서 상사나 관리자에게 문서를 올리고 승인을 받는 것을 의미합니다. '문서 결재'나 '상사의 결재'와 같은 상황에서 쓸 수 있습니다.

제가 경험한 이야기를 하나 나누어 보겠습니다. 한때 강의를 나가던 회사에 한 신입 사원이 있었습니다. 입사한 지 얼마 되지 않아 회사에서 가장 분주한 부서에 배치되었습니다. 그는 성실하고 열정적이었지만, 중요한 문서를 작성하거나 결재를 올리는 과정에서는 자주 실수를 하곤 했습니다. 하루는 회사 물품을 구입하면서 발생한 거래 내역을 보고하며 아래와 같이 말했습니다.

"물품 **결재**가 완료되었습니다."

상사는 그 보고를 받고 혼란스러워졌습니다. 왜냐하면 그가 보내야 했던 메시지는 '물품 결제 완료'였기 때문이죠. 상사는 이 둘의 차이에 대해 잘 알고 있었기 때문에 '결재 완료'라는 표현이 마치 상사의 승인을 받아야 하는 문서가 이미 처리되었다고 오해한 것입니다.

결국 상사는 신입사원에게 결제와 결재의 차이를 꼭 숙지해야 한다고 지적했고, 그 후로는 정확한 표현을 사용하기 위해 노력했습니다. 그는 이 경험을 통해 결제와 결재가 회사 생활에서 얼마나 중요한 차이를 만드는지를 깨달았습니다.

또한 '결재' 관련해서 다음과 같이 비슷한 의미를 가진 한자어를 알아 둔다면 회사 생활에 더욱 도움이 될 것입니다.

> 결재(決裁): 결정을 내리거나 승인하는 행위
> 미결(未決): 결정되지 않은 상태, 또는 결재가 이루어지지 않은 사항
> 부결(否決): 결재가 거부되는 것
> 승인(承認): 결재를 통해 어떤 사항이나 결정을 받아들이고 인정하는 것
> 조정(調整): 여러 가지 사항을 조화롭게 맞추거나 결정하는 과정

'결제'와 '결재'. 그리고 그와 비슷한 여러 한자어의 정확한 사용을 익힌다면, 사내 보고와 같은 공식적인 상황에서도 오해 없이 전달할 수 있습니다. 비록 작은 부분일지라도 회사 내에서 신뢰를 쌓는 데에도 큰 도움이 될 것입니다.

유례/유래 없는 폭염이
이어지고 있다

'유례(類例)'는 같은 종류나 사례가 있는지를 뜻합니다. 흔히 '유례가 없다'는 표현으로 사용됩니다. 과거의 경험과 비교할 수 있는 비슷한 사례가 존재하는지를 의미합니다. 주로 놀라운 사건, 드문 사건, 전례가 없는 일에 대해 말할 때 사용됩니다. '유래(由來)'는 사물이나 일이 생기거나 전해 내려온 내력이나 기원을 뜻합니다. 즉, 어떤 사물이나 행위가 시작된 계기나 기원에 대해 설명할 때 사용됩니다.

예를 들어 박물관 큐레이터로 일하는 철수는 새로운 전시를 준비하던 중, 전시품 중 하나인 고대 유물에 얽힌 이야기를 소개하게 되었습니다. 이 유물은 약 1000년 전 한 왕국에서 사용하던 도자기였는데, 철수는 이 유물이 '유래가 매우 오래된 유물'이라고 소개했습니다. 그러면서 그는 이 도자기의 제작 방식이 독특하여 '전 세계적으로 유례가 드문' 기법으로 만들어졌다고 설명합니다. 이 예시에서 '유래'는 유물의 기원과 내력에 대해 이야기할 때 쓰였습니다. 즉 도자기가 언제, 어디서 시작되었는지를 설명합니다.

반면 '유례'는 다른 비슷한 사례가 드물다는 뜻으로 사용됩니다. 이처럼 역사나 기원을 설명할 때는 '유래'를, 비교가능한 다른 예가 없거나 드물 때는 '유례'를 사용합니다.

다음은 유명한 축구 경기의 중계방송에서의 한 장면입니다. 아나운서가 감탄하며 이렇게 말합니다.

"이런 놀라운 반전 경기는 정말 **유례**가 없네요!"

그리고 이어서 다른 해설위원이 경기가 시작된 내력을 설명하며 이렇게 이야기합니다.

"이 팀은 원래 창단된 배경이 아주 흥미로운데요, 특히 구단 이름의 **유래**가 독특합니다."

'유례가 없다'라는 표현은 이번 경기처럼 보기 드문 사례나 특별한 상황에서 사용됩니다. 경기에서의 역전 승부는 드문 사례이기에 '유례가 없다'고 표현했고, 팀이 창단된 배경과 내력, 즉 어떻게 창단되었는지에 대한 설명에는 '유래'를 사용했습니다.

또 다른 예시를 들자면 기술개발 연구소에 근무하는 과학자 영희는 새로운 소재를 개발한 후 이를 발표하는 자리에서 '지금까지 이런 소재는 유례가 없었고, 전례가 없던 수준의 연구 성과'라고 발표합니다. 또한 그녀는 소재의 개발 과정에 대해 설명하며, '이 소재는 오랜 연구와, 실험의 결과로 얻어진 것인데, 그 유래는 과거의 다양한 실패 경험에서 시작된다'라고 말합니다.

여기에서 '유례가 없다'는 것은 지금까지 유사한 사례가 없었다는 의미로 사용되었고, 연구 결과에 대한 놀라움을 강조합니다. 반면 '유래'는 이 연구가 어떻게 시작되었는지, 기원과 배경을 설명하는 데 쓰였습니다.

위의 다양한 에피소드를 통해 알 수 있듯, '유례'는 특정 사건이나 물건이 다른 예시와 비슷한지를 묻거나 말할 때 사용되며, 주로 비교 대상이 없는 경우나 매우 드문 사례임을 강조하는 표현입니다. 반면 '유래'는 사건, 물건, 혹은 행위가 시작된 기원이나 배경을 설명하는 용도로 쓰입니다.

'유례가 없다'는 표현은 특히 극적인 상황을 강조할 때 자주 쓰입니다. 그러니 가벼운 상황보다는 의미를 강조하고 싶을 때 사용하는 것이 좋습니다.

이번 경제 위기는 역사상 **유례**가 없을 정도다.

→ 비교적 심각하거나 드문 상황

'유래'를 사용할 때는 그 대상이 어디서 시작되었는지, 어떠한 배경
이 있는지를 설명하는 맥락을 함께 생각하면 실수하지 않고 쓸 수 있
습니다.

그 말의 **유래**를 찾아보면 그 뜻을 쉽게 이해할 수 있다.

→ 그 말의 기원을 찾아보면 쉽게 뜻을 알 수 있다.

이와 비슷한 예시로 '전래(傳來)'와 '전례(前例)'가 있습니다. '전래'
는 예로부터 내려오거나 외국에서 들어왔다는 뜻이고, '전례'는 '유
례'와 같은 뜻입니다. 그리하여 옛날부터 내려오는 이야기를 '전래동
화'라고 하고, 외국에서 들어 온 작물의 국내 도입 과정을 이를 때는
'감자의 전래과정' 등 '전래'를 쓰는 것이 맞습니다.

금일 휴업입니다

날짜를 나타내는 한자어가 의외로 많습니다. 1일, 2일, 3일 등 숫자로 날짜를 표현해도 무방하지만, 우리는 이미 일상에서 다양하게 날짜를 일컫는 많은 한자어를 사용하고 있습니다. 특히 날짜의 경우 업무상으로 매우 중요한 지점이기 때문에 정확하게 알고 있어야 합니다. 일정과 관련해서 자칫 업무에 차질을 빚을 수도 있기 때문입니다.

이러한 표현은 주로 며칠이 경과했는지 나타낼 때 사용합니다. 특히 3일째를 나타내는 사흘의 경우 한자 '四(넉 사)'로 오인하는 경우가 흔히 발생하니 숙지해야 합니다.

일 단위를 나타내는 표현

- 하루: 1일째
- 이틀: 2일째
- 사흘: 3일째
- 나흘: 4일째
- 닷새: 5일째
- 엿새: 6일째
- 이레: 7일째
- 여드레: 8일째
- 아흐레: 9일째
- 열흘: 10일째

주 단위로 나타내는 표현

- 금주(今週): 이번 주
- 차주(次週): 다음 주
- 익주(翌週): 다음 주(차주와 같은 의미로, 좀 더 문어체에서 쓰임)
- 전주(前週): 지난주
- 명주(明週): 다음 주의 한자 표현이지만 잘 쓰이지 않음

날짜를 나타내는 한자어 표현

- 금일(今日): 오늘
- 내일(來日): 내일
- 명일(明日): 내일(내일의 문어체 표현)
- 모레: 오늘의 이틀 뒤
- 내일모레: 오늘로부터 3일째 되는 날
- 작일(昨日): 어제(어제의 한자어 표현)
- 익일(翌日): 다음 날(내일과 유사하지만 주로 특정한 사건 이후의 다음 날을 의미)

나는 다이어트를 시작한 지 **사흘**이 되었다.

→ 다이어트를 시작한 지 3일째 되었다.

나는 영어 공부를 벌써 **여드레** 동안 하고 있다.

→ 영어 공부를 한 지 8일째가 되었다.

그녀와 사귀기 시작한 지 **아흐레**가 되었다.

→ 그녀와 사귀기 시작한 지 9일째가 되었다.

특히 '익일(翌日)'과 '내일(來日)'은 모두 '다음 날'을 의미하지만, 사용되는 맥락과 쓰임새에서 미묘한 차이가 있습니다. 이 둘의 차이를 정확히 이해하고 구분하여 사용하는 것은 특히 공식적인 상황에서 중요한데요. 각각의 정의와 실제 상황을 통한 예시로 차이점을 알아보겠습니다.

우선 '익일'은 오늘의 바로 다음 날을 뜻하는 한자어로, 주로 공식적인 문서나 일정 안내에서 사용됩니다. 익일은 '특정한 날짜가 언급된 상황에서의 그 다음 날'을 가리킬 때 적합한 표현입니다.

익일까지 회신을 주십시오.
→ 회의가 끝난 바로 다음 날. 공문서, 업무 일정, 계약서 등에서 주로 쓰이며 공식적이고 확정적인 느낌

'내일'은 익일에 비해 비교적 일상적인 표현으로 '오늘의 다음 날'을 의미합니다. 구어체에서도 자주 사용하며, 오늘의 다음 날을 가리킬 때 어울립니다.

우리 **내일** 만날까?
→ 일반적인 일상 표현이자 조금 더 편안하고 비공식적인 상황

익일과 내일의 차이를 더 명확히 이해하기 위해, 각각의 단어가 쓰일 수 있는 상황을 통해 살펴보겠습니다.

직장인 수현씨는 팀장님으로부터 새로운 프로젝트 제안을 검토해 달라는 이메일을 받았습니다. 팀장님은 메일에서 프로젝트의 주요 사항을 설명하면서, '해당 제안서에 대한 검토 결과를 익일 오전까지 회신해 주시기 바랍니다'라고 요청했습니다. 여기서 '익일'은 오늘 이 메일을 받은 날의 바로 다음 날을 의미하며, 수현씨가 이 과제를 언제까지 끝내야 하는지에 대한 명확한 기한을 제시합니다.

이처럼 익일은 회사와 같은 공식적이고 명확한 기한이 필요한 상황에서 사용되며, '내일'보다 더욱 확정적인 느낌을 전달합니다. 또한 '익일'이라는 표현으로 업무를 지시해 수현씨가 일정을 정확하게 인지할 수 있었습니다. 만약 팀장님이 '내일'이라고 했다면 다소 모호하게 느껴졌을 수도 있습니다. 그러므로 '익일'이 공식 문서나 업무 메일에서 적절한 표현이 됩니다.

대학생인 영훈은 오랜만에 고등학교 친구들과 만나기로 약속을 잡고 있었습니다. 친구와 통화를 하던 중, 영훈은 '아무래도 시간이 되는 친구가 많은 내일 만나는 게 좋겠다'라고 말했습니다. 여기서 영훈이 '내일'이라고 한 것은 약속 날짜를 오늘의 다음 날로 잡자는 의미로, 일상 대화 속에서 자연스럽게 사용한 것입니다. 그런데 만약 이 상황에서 '익일'이라는 표현을 썼다면, 지나치게 딱딱하고 부자연스럽게 들렸을 것입니다. '내일'이라는 표현은 일상적이고 비공식적인 자리에서 오늘의 다음 날을 가리키는 말입니다. '익일'보다는 익숙하고 편안한 느낌을 줍니다.

위의 누 사례에서 볼 수 있듯이, '익일'과 '내일'은 상황에 맞춰 적절히 사용하는 것이 좋습니다. '익일'은 공식적인 업무 일정이나 확정된 기한을 전달하는 문서, 이메일 등에서 사용되며, 이를 통해 업무에서의 명확성과 정확성을 높일 수 있습니다. 반면 '내일'은 일반적인 일상에서 오늘의 다음 날을 지칭할 때 편하게 사용할 수 있습니다.

'익일'과 '내일'의 차이를 명확히 이해하고 사용하는 것은 문서의 정확성을 높이고, 상대방이 메시지를 쉽게 이해할 수 있도록 돕습니다. 특히, 업무에서 기한을 제시할 때는 '익일'이 보다 적합하며, 일상 대화에서는 '내일'이 자연스럽습니다.

나는 회장님의
고희연에 초대받았다

숫자를 일컫는 표현이 다양한 건 날짜만이 아닙니다. 숫자 역시 잘 알고 있어야 일상이나 사회 생활에서 중요한 부분을 놓치지 않을 수 있습니다. 다음은 10단위의 숫자를 부르는 단어들을 숫자와 함께 정리한 내용입니다.

- 열 - 10
- 스물 - 20
- 서른 - 30
- 마흔 - 40
- 쉰 - 50
- 예순 - 60
- 일흔 - 70
- 여든 - 80
- 아흔 - 90
- 백 - 100

숫자를 나타내는 말은 '나이'를 나타낼 때 많이 쓰입니다. 자칫 실수로 잘못 기입하거나 명시하게 되면 큰 실수를 범할 수도 있으니 반드시 숙지하는 것이 좋습니다.

특히 '일흔'과 '여든'은 우리말에서 나이를 나타낼 때 사용하는 기본적인 수사 중 하나지만, 글을 쓰거나 말할 때 혼동하는 일이 의외로 흔합니다. 특히 두 숫자의 발음이 유사하고, 한국어의 다른 수사들과 달리 독특한 형태를 가지고 있어서 쉽게 헷갈리는 것입니다.

먼저, '일흔'과 '여든'은 각각 70과 80을 뜻하는 순우리말 수사입니다. 이 두 숫자는 10씩 차이가 나지만, 말로 할 때 소리가 비슷하게 들리기도 하고, 문서나 대화에서 의도치 않게 혼용될 수 있습니다.

민수는 할머니의 생신을 맞아 직접 손편지를 써서 축하의 마음을 전하려 했습니다. 민수는 자신 있게 '할머니, 일흔 번째 생신을 축하드립니다!'라고 썼지만, 할머니의 생신은 올해 여든 번째였습니다. 편지를 본 할머니는 웃으며 당신은 일흔이 아닌 여든 살이라고 말씀하셨습니다. 민수는 얼굴이 빨개지며 할머니께 정중히 사과드렸고, 나중에야 웃으며 그 상황을 이야기하게 되었습니다.

이 에피소드에서 민수가 '일흔'과 '여든'을 혼동한 것은 의도치 않은 실수였지만, 나이의 차이가 꽤 큰 만큼 오해를 불러일으킬 수 있었습니다. 이처럼 특정한 나이를 축하하거나 존중을 표현할 때는 정확한 숫자를 사용하는 것이 중요합니다.

특히 공식적인 자리에서 어르신들의 나이를 언급할 때 '칠십' '팔십' 등 숫자를 직접적으로 말하기 보다는 순우리말 수사를 통해 표현

- **지학**(志學) — **15세**

  공부에 뜻을 두는 나이라는 뜻으로, 15세를 의미합니다. 『논어』에서 유래했습니다.

- **약관**(弱冠) — **20세**

  원래 남자의 성년을 의미하며, 20세를 가리킵니다.

- **이립**(而立) — **30세**

  30세를 가리키는 말로 『논어』 중 '서른에 자립했다'는 데서 유래합니다.

- **불혹**(不惑) — **40세**

  '사십이 되니 미혹되지 않았다'는 공자의 말에서 유래한 표현입니다.

- **지천명**(知天命) — **50세**

  하늘의 명을 알았다는 의미로, 50세를 뜻합니다.

- **이순**(耳順) — **60세**

  공자가 '예순에 귀가 순해졌다'고 말한 것에서 유래한 표현입니다.

- **고희**(古稀) — **70세**

  '사람이 70세까지 살기 어렵다'는 시 구절에서 유래한 표현입니다.

- **희수**(喜壽) — **77세**

  '喜' 자의 초서체가 '七十七'과 비슷한 모양이라 붙여진 이름입니다.

- **산수**(傘壽) — **80세**

  '傘' 자의 형태가 80과 비슷하게 생겼기 때문에, 80세를 의미합니다.

- **미수**(米壽) — **88세**

  '米' 자를 풀이하면 8과 8이 되어 88세를 뜻합니다.

- **졸수**(卒壽) — **90세**

  '卒' 자의 약자가 '九十'과 비슷하게 생겨 90세를 의미합니다.

- **백수**(白壽) — **99세**

  '百'에서 1을 빼면 '白'이 되어 99세를 나타냅니다.

하는 경우가 많으니 위의 수사들은 반드시 익혀두는 게 좋습니다.

얼마 전 병원에 방문한 박 씨 어르신은 나이로 인해 큰일을 치를 뻔했습니다. 왜냐하면 나이를 묻는 간호사가 '여든'을 '70세'로 기재했기 때문입니다. 약물 투여는 나이에 따라 기준이 달라질 수 있었기에 다행히 다른 간호사가 이를 발견하여 불상사를 면했습니다.

의료 기록에서는 나이가 약물 투여나 치료법에 직접적으로 영향을 미치기 때문에 나이를 일컫는 단어를 명확하게 숙지하는 것은 매우 중요합니다. 이처럼 숫자를 나타내는 말은 일상적인 대화나 의료 기록, 공식적인 자리에서 매우 자주 쓰이며 이를 잘못 표현했을 때는 타인을 존중하지 않는 것처럼 보이거나 건강이나 생명에 치명적인 영향을 미칠 수 있습니다. 그러니 10부터 100까지 숫자를 일컫는 수사는 반드시 숙지해야 합니다.

또한 나이를 일컫는 단어 중에는 인생의 중요한 순간을 기억하는 단어들이 있습니다. 이 또한 잘 활용하면 센스 있는 사람이 될 수 있습니다. 특히 '지학'과 '약관'의 경우 자주 사용하는 말이니 예문을 통해 정리해두면 좋겠습니다. '지학'은 사람이 열다섯 살에 이르면 배움에 뜻을 두어야 한다는 의미로 쓰입니다. 예전에는 열다섯 살이 되면 지학의 나이에 이르렀다고 해서, 학문에 본격적으로 뜻을 두어야 한다고 여겼습니다. 또한 스무 살을 일컫는 '약관'도 본격적인 성인에 이르렀다는 의미에서 자주 쓰이는 말이니 꼭 알아두세요!

중학생이 되어 **지학**의 나이에 들어서자, 그는 자신의 진로를 고민하며 공부에 전념하기 시작했다.

조상들은 아이가 **지학**에 이르면 학문을 깊게 배우기를 권장했다.

약관의 나이에 이른 그는 어엿한 성인이 되었다.

약관의 그녀는 대학에서 본격적으로 진로를 찾아가기 시작했다.

옛날에는 **약관**에 이르면 사회적으로 어른으로서 인정 받았습니다.

약관의 나이에 장원급제했다.

이러한 한자어들은 특정 나이를 가리키며, 특별한 나이를 기념하거나 축하하는 자리에서 자주 쓰입니다. 기념일과 축하의 자리에서 상황과 나이에 맞게 쓰는 단어를 숙지하면 더욱 품위있고 예의 바른 사람으로 보일 것입니다.

제 생각을 폄하/폄훼하지 마세요

'폄하(貶下)'와 '폄훼(貶毀)'는 비슷하게 '가치를 낮추어 본다'는 뜻으로 사용됩니다. 하지만, 그 의미가 사용되는 상황에서 미묘한 차이가 있습니다. 이 둘을 정확하게 이해하고 사용하는 것은 우리의 표현을 더욱 세밀하게 만들어줍니다.

먼저, '폄하'는 '가치를 낮추어 본다'는 의미에서 특정 대상의 가치나 중요성을 깎아내리는 느낌을 가지고 있습니다. 예를 들어, '그의 노력을 폄하하지 마라'는 문장에서 '폄하'는 어떤 사람의 노력이나 성과를 낮게 평가하거나 가볍게 여기는 것을 의미합니다. 이는 대체로 겉으로 드러나지 않는 내면의 평가로 한정됩니다.

반면에 '폄훼'는 '헐뜯는다'라는 의미로, 주로 어떤 대상에 대해 공개적으로 비난하거나 나쁘게 이야기할 때 사용됩니다. 예를 들어 '상대방을 폄훼하는 발언은 삼가야 한다'라는 문장에서 '폄훼'는 다른 사람에게 나쁜 말을 하여 이미지를 손상시키는 것을 뜻합니다. 즉, 폄훼는 대개 공개적이고 의도적으로 타인의 명예나 평가를 깎아내리는 느낌이 있습니다. 이 차이를 더 잘 이해하기 위해, 평범한 회사 생활에서 일어날 수 있는 두 가지 상황을 가정해 보겠습니다.

김 대리는 동료로부터 꽤 높은 평가를 받는 프로젝트를 마쳤습니다. 그러나, 이와는 반대로 같은 팀에 속해 있던 박 대리는 김 대리의 성과가 운이 좋았기 때문이라며 마음속으로 그다지 대단한 일은 아니라고 생각했습니다. 그 프로젝트는 사실 박 대리가 몇 개월 전에 기획했으나 여러 이유로 실행하지 못했습니다. 그래서 김 대리의 성과를 온전히 인정하는 일이 불편했던 것입니다.

박 대리는 겉으로는 김 대리를 축하했지만, 속으로는 자신도 그 정도는 할 수 있었을 거라고 생각하며 은근히 김 대리의 성과를 깎아내렸습니다. 이것이 '폄하'입니다. 이 상황에서 박 대리는 상대방의 성공을 낮게 평가하고, 속으로 그 가치를 축소하려 했습니다. 겉으로 드러나지 않는 폄하의 감정입니다.

한편, 박 대리가 상사와의 회의에서 김 대리가 맡았던 프로젝트의 문제점을 공개적으로 지적하는 상황을 떠올려 보겠습니다. 회의 중 박 대리는 '김 대리가 맡은 프로젝트는 예산 관리도 부실했고, 몇 가지 실패 요인도 덮으려 했다'라며 김 대리를 공개적으로 비난했습니다. 이 발언은 회의장에 있던 다른 동료들에게 김 대리의 프로젝트에 대한 부정적 인식을 심어 주었습니다.

이렇게 공개적인 자리에서 상대방의 평판을 떨어뜨리려는 박 대리의 행동은 '폄훼'에 해당합니다. 이는 개인적 평가에 그치는 것이 아니라, 다른 사람들에게까지 부정적 이미지를 심으려는 의도가 깔려 있습니다.

위의 두 사례는 모두 상대방에 대한 비판을 담고 있지만, 하나는 내면적 평가에 머물고 다른 하나는 공개적 비난으로 이어집니다. '폄하'와 '폄훼'는 이렇게 우리의 생각과 행동의 차이를 구분하게 해 주는 중요한 단어들입니다.

일상에서 누군가를 평가할 때 우리는 의도치 않게 '폄하' 또는 '폄훼'하는 행동을 할 수 있습니다. 하지만 단어의 의미를 정확히 알고, 각각의 상황에 맞게 신중히 사용하는 것은 비난이나 비판의 정도를 조절하고, 불필요한 갈등을 피하는 데 큰 도움이 됩니다.

우리는 가끔 '폄하'와 '폄훼' 사이에서 머뭇거릴 수 있지만, 그 차이를 이해하면 조금 더 성숙한 표현을 사용할 수 있을 것입니다. 타인의 생각뿐만 아니라 나의 생각 역시 누군가에게 '폄하'나 폄훼를 당하지 않도록 서로 주의를 기울이고 말 한마디에도 신경을 쓰는 그런 성숙한 어른이 되었으면 좋겠습니다.

추측/억측을 자제해주세요

'추측(推測)'은 관찰한 사실이나 일부 단서를 바탕으로 상대적으로 합리적이고 논리적인 짐작을 하는 것을 뜻합니다. '추측'은 충분한 정보가 없지만, 관찰과 경험을 바탕으로 결론에 도달하려는 합리적인 과정이므로, 추론할 수 있는 단서가 있는 경우에 적절히 사용됩니다.

'억측(臆測)'은 근거가 부족하거나 아예 없는 상태에서 자기중심적이거나 주관적인 판단으로 어떤 결론을 내리는 것입니다. '억측'은 사실이 아닌 정보를 토대로 이루어지기 때문에 실제로 불필요한 오해나 갈등을 일으킬 가능성이 큽니다.

'추측'은 근거가 전혀 없는 것이 아니라, 일부 단서를 토대로 상대적으로 합리적으로 짐작하는 과정이 포함되어야 합니다. 다른 사람이 특정한 행동을 했을 때, 그의 성격이나 평소 습관을 바탕으로 원인을 짐작하거나 어떠한 상황이 벌어졌을 때 그에 따를 결과를 합리적 근거에 따라 예상해 보는 것이 '추측'입니다.

그러나 '억측'은 상대방에게 오해를 불러일으키거나 불필요한 갈등을 초래할 가능성이 큽니다. 특히, 상대방의 말이나 행동을 마음대로 넘겨짚는다거나, 정보가 부족한 상태에서 결론을 내리는 경우를 '억측'이라고 할 수 있습니다. 그럼 같은 상황에서 '추측'을 하느냐 '억측'을 하느냐에 따라서 결과가 어떻게 달라질까요?

회사에서 회의를 하는데 동료가 유달리 조용할 때, '아마 오늘 기분이 상하는 일이 있었거나 몸이 안 좋아서 조용한 것 같다'고 '추측'할 수 있습니다. 이는 상대방의 평소 성격이나 최근의 상태를 고려한 상대적으로 합리적인 짐작입니다.

반면 '저 사람은 나를 싫어해서 일부러 내 앞에서는 말을 안 하는 걸 거야'라고 생각한다면 이는 '억측'에 해당합니다. 사실 여부에 대한 근거가 전혀 없기 때문입니다. 이러한 판단은 잘못된 오해를 불러올 수 있습니다.

친구가 약속 시간에 늦을 때도 '길이 막혀서 늦나봐'라고 생각하는 것은 '추측'입니다. 이는 도로 상황에 대한 정보를 바탕으로 한 현실적인 짐작입니다. 반면 '일부러 늦게 오는 게 아닌가'라고 생각하는 것은 '억측'입니다. 지각의 원인이 정확히 파악되지 않은 상태에서 단정하는 것은 불필요한 오해를 불러올 수 있습니다. 추측과 억측을 이렇듯 같은 상황에서도 다른 결과를 초래할 수 있습니다. 그러니 조심해서 사용해야 합니다.

이 둘을 올바르게 사용하는 방법으로는 첫 번째, 합리적 단서를 기반으로 하는 '추측'을 할 때는 상대방의 평소 행동, 상황적 단서, 사실에 가까운 정보 등을 바탕으로 합리적으로 짐작하는 것이 중요합니다. 이를 통해 불필요한 오해를 방지할 수 있으며, 상대에 대한 이해의 폭을 넓히는 데 도움이 됩니다.

두 번째, '억측'을 피하고 확인을 통해 신뢰를 쌓아야 합니다. 억측을 하기보다는 직접 대화를 통해 상대의 의도와 상황을 확인하려는 노력이 중요합니다. 또한, 자신의 판단이 불완전할 수 있다는 점을 인식하고, 불확실한 상황에서는 상대방에게 설명을 요청하거나, 정확한 정보를 찾는 것이 좋습니다.

세 번째, 객관적인 정보를 수집하고 신중하게 판단을 내리는 과정이 꼭 필요합니다. 상황에 대한 충분한 정보를 바탕으로 판단하면 '억측'을 줄이고, '추측'도 더 근거 있게 할 수 있습니다. 특히 중요한 결정이나 인간관계에서는 가능한 한 많은 정보를 수집하고 신중하게 판단하는 것이 중요합니다.

'추측'과 '억측'은 어떤 상황을 짐작한다는 점에서 비슷해 보이지만, 근거 유무와 주관적 판단의 정도에서 큰 차이가 있습니다. 상황을

충분히 이해하고, 근거가 부족한 상태에서 성급하게 판단하는 '억측'
을 경계하는 것이 중요합니다.

예단/예측하기엔 아직 이르다

최근에 소개팅을 한 연지씨는 친구 소영씨에게 하소연을 합니다.

"소영아! 아무래도 그 사람 내가 맘에 안 드나봐."

"왜? 분위기 별로였어?"

"응. 헤어질 때까지 말도 별로 없고, 애프터 신청도 하지 않았어. 난 솔직히 그나마 맘에 들었거든. 말투도 지적이고 옷 입는 스타일도 내 스타일이라 괜찮았는데!"

"그래? 그럼 한번 기다려보자. 헤어진 지 2시간 밖에 안 됐잖아, **예단**하기에는 아직 이르다고!"

"아이고 난 조심스럽게 **예측**해본다! 이번 소개팅은 망했다고!"

이때 연지씨의 문자메시지가 울립니다. 연지씨는 메시지를 확인하자마자 외쳤습니다.

"예스!!! 이번 주말에 만나자고 하네!"
"봐! 너의 **예측**이 틀렸지?"

짧은 상황이지만 '예단'과 '예측'을 적절하게 사용한 두 사람의 대화가 참 보기 좋습니다. 정확한 단어의 사용으로 각자의 생각이 잘 전달되어 의사소통이 원활하게 이루어지는 모습입니다.

위의 상황에 쓰인 '예단(豫斷)'은 미리 결론을 내리는 행동을 의미하며, 충분한 정보나 근거 없이 섣부르게 어떤 결론에 이르는 경우에 많이 사용합니다. 즉, 결론에 도달할 만한 명확한 증거나 분석이 부족한 상황에서 주관적으로 미리 판단하는 것을 뜻합니다. '예단'은 일반적으로 성급한 판단을 경계할 때 사용하는 표현으로, 논리적이고 객관적인 근거가 부족한 상황에서 사용되는 경우가 많습니다.

아직 그런 부정적인 결론을 **예단**하기에는 이르다.

반면 '예측(豫測)은' 과거의 자료나 현재의 상황을 분석하여 미래에 어떤 일이 일어날지 추정하는 것입니다. 날씨 예보, 경제 전망 등과 같이 객관적 자료와 논리적 근거가 필수적으로 따라야 하는 경우가 대부분입니다. 즉, 과학적 분석이나 통계적인 자료를 바탕으로 미리 측정하여 예상하는 행동입니다.

기상청은 내일 눈이 내릴 수 있다고 **예측**했다.

두 단어 모두 어떤 일이 일어나기 전에 미리 짐작한다는 점에서 비슷해 보이지만, 근거의 유무에 따라서 신뢰성에서 차이가 있습니다.

첫 번째 근거 유무의 차이입니다. '예단'은 개인적 판단이나 주관적 요소가 강하며, 신뢰할 만한 자료 없이 이루어집니다. 반면 '예측'은 과거 자료, 통계, 그리고 논리적인 분석에 근거해 이루어지므로 객관성과 신뢰성이 높은 편입니다.

두 번째 미래에 대한 신뢰성의 차이입니다. '예단'의 결과는 사실과 다를 가능성이 큽니다. 반면 '예측'은 적절한 근거가 있는 만큼, 현실적인 가능성을 바탕으로 더 높은 신뢰도를 기대할 수 있습니다.

세 번째 사용되는 상황의 차이입니다. '예단'은 때로 성급한 판단을 경계하거나 삼가야 할 상황에서 자주 사용됩니다. '예측'은 미래의 계획이나 결과를 준비하거나 대비하는 과정에서 사용됩니다.

'예단'과 '예측'은 타인과의 원활한 의사소통에 매우 중요합니다. 잘못된 '예단'이나 '예측'으로 원하는 바를 놓치거나 신뢰를 잃을 수 있기 때문입니다. 특히 일상생활에서는 '예단'을 피하고 신중하게 판단해야 합니다. 성급한 판단으로 이어질 가능성이 크기 때문입니다. 그러므로, 될 수 있으면 예단을 피하고 충분한 정보를 수집한 뒤 판단하는 것이 좋습니다.

'예단'은 대인과의 관계에서 불필요한 감정소모를 일으키는 원인이 되기도 합니다. 상대방에 대해 잘 알지 못한 상태에서 '아마 이 사람은 이럴 기야'라고 단정 짓기보나는, 시산을 누고 관계를 쌓으며 관찰하는 것이 좋습니다. 또한 정보가 부족하거나 사실 확인이 어려운 상황에서 예단하면 오해와 갈등이 생기기 쉽습니다. 따라서 불확실한 상황에서는 신중하게 판단하고, 필요하다면 직접 확인하는 과정을 거쳐야 합니다.

그러므로 일상생활이나 타인과의 관계에서는 '예단'보다는 '예측'을 통해 미래를 준비하는 태도와 자세가 중요합니다. '예측'을 할 때는 신뢰할 수 있는 통계, 분석 자료가 필요합니다. 예를 들어, 경제 분야에서는 시장 흐름이나 지표를 바탕으로 '예측'하고, 기상 분야에서는 기온, 습도 등의 데이터를 활용합니다. 또한 다양한 가능성을 고려해야 합니다. 예측은 과학적 근거가 있더라도 변화 가능성이 있기 때문에, 여러 가능성을 염두에 두고 유연하게 대처할 수 있는 준비를 하는 것이 좋습니다. 전문가의 분석과 판단을 참고하여 더욱 신뢰도 높은 자료를 활용하는 것도 도움이 될 것입니다.

'예단'과 '예측'은 비슷해 보이지만, 그 본질에서 중요한 차이를 가지고 있습니다. '예단'은 근거 없는 판단을 삼가는 상황에서, '예측'은 객관적인 자료와 분석을 바탕으로 한 예상에서 주로 사용됩니다. 이를 구별하고 각 상황에 맞게 적절히 활용하면, 성급한 판단을 줄이고 더 신뢰할 수 있는 준비를 할 수 있습니다. 또한 자신의 미래에 대해서도 보다 구체적인 대비와 준비를 할 수 있어서 삶의 질이 높아지는 효과를 낳기도 합니다.

여러분의 생각을 기재/기술하세요

'기재(記載)'와 '기술(記述)'은 모두 정보를 기록하고 설명한다는 뜻입니다. 하지만 쓰임새와 의미에서 중요한 차이가 있습니다. 이를 이해하는 것은 글쓰기뿐만 아니라 서류나 보고서를 작성할 때도 매우 중요합니다. 구체적으로 구별하기 위해 각각의 정의와 실제 상황을 통한 예시를 통해 알아보겠습니다.

우선, '기재'란 필요한 정보를 서류나 문서에 기록하여 올린다는 의미입니다. 주로 날짜, 이름, 주소 같은 필수적인 정보를 간단하게 적어 놓는 경우에 사용됩니다. 비교적 간단하거나 필수적인 정보를 공식 문서 또는 서류에 적어넣을 때 사용됩니다.

신청서에 이름과 연락처를 **기재**해 주세요.

→ 해당 정보를 특정 항목에 맞춰 기록하는 것을 의미

반면 '기술'은 어떤 사실이나 상황을 설명하거나 묘사하는 데 사용하는 용어입니다. 정보를 구체적으로 서술하는 의미를 담고 있으며, 단순한 기록을 넘어 대상을 상세히 풀어서 설명할 때 사용합니다.

사고 현장의 상황을 **기술**해 주세요.

→ 단순한 기록 이상의 구체적이고 서술적인 설명이 필요한 상황

즉, 정리하자면 '기재'는 특정한 내용을 문서에 기록하는 행위, '기술'은 내용이나 사실을 자세히 서술하는 행위를 가리키는 표현입니다. 둘의 차이를 더 명확하게 이해하기 위해, 각각의 단어가 쓰일 수 있는 상황을 통해 살펴보겠습니다.

신입 사원인 민수는 첫 취업을 위해 한 기업에 입사 지원서를 작성하고 있습니다. 지원서에는 기본 정보와 경력, 자기소개서 등 다양한 항목이 포함되어 있었죠. 지원서 작성 중 그는 인적 사항란에 자신의 이름, 생년월일, 연락처, 주소를 쓰는 부분에서 고민하게 됩니다. 이 항목에는 구체적인 서술이 아닌 간단한 정보를 요구하고 있었기 때문에, 인적 사항을 깔끔하게 기록하기만 하면 되는 상황이었습니다.

민수는 지원서에 자신의 개인정보를 '기재'하였습니다.

이 경우 '기재'는 단순히 이름이나 주소 같은 기본 정보를 문서에 올려놓는 행위로 적합했습니다. 이러한 '기재'의 과정은 특정한 정보를 공식 문서에 빠짐없이 적어 넣는 것을 말합니다. 서류에 필요한 정보를 빠짐없이 기재함으로써 문서의 신뢰성을 높이는 데 중요한 역할을 합니다. 이처럼, '기재'는 서류에 간단한 정보를 적어 넣는 상황에 쓰이며, 많은 설명이니 묘사가 필요하시 않은 부분에서 사용됩니다.

한편, 사고 현장에 출동한 경찰관 지훈은 상황을 파악하고 현장 보고서를 작성하는 업무를 맡았습니다. 지훈은 현장에서 목격한 사고의 전개 상황과 피해자들의 상태, 목격자들의 진술을 바탕으로 사건 경위를 상세하게 기록해야 했죠. 이 상황에서 그는 사고가 일어난 정확한 시간, 위치뿐 아니라 사고의 진행 과정, 피해자의 위치와 상태 등 다양한 상황을 구체적으로 적어야 했습니다. 지훈은 보고서에서 단순히 숫자나 이름만 나열하는 것이 아니라, 사건의 흐름과 목격자들의 증언까지도 포함한 설명을 '기술'하였습니다.

이 과정에서 '기술'은 사건의 구체적 상황을 묘사하고 설명하는 의미로 사용되었습니다. '기재'와는 달리, '기술'은 대상에 대해 상세히 서술함으로써 독자가 사건의 전말을 보다 명확히 이해할 수 있도록 돕습니다. 이와 같이, 기술은 단순한 정보 이상의 의미와 맥락을 담아 설명해야 하는 상황에 사용되며, 읽는 사람이 상황을 충분히 이해할 수 있도록 구체적이고 서술적인 표현을 요구합니다.

위의 두 사례에서 볼 수 있듯이, 기재와 기술은 각각의 상황에 맞춰 적절하게 사용되어야 합니다. 입사 지원서와 같이 정보가 간단하게 요구되는 곳에서는 '기재'를 사용하고, 사고 현장 보고서와 같이 사건의 맥락과 흐름을 이해해야 하는 상황에서는 '기술'을 사용해야 합니다. 이러한 차이를 이해하고 올바르게 사용하는 것은 단순한 글쓰기 능력을 넘어, 메시지를 명확히 전달하고 상황에 맞는 표현을 구사하는 데 큰 도움이 됩니다.

기재와 기술의 차이를 이해하고 상황에 맞게 사용하는 것은 글의 완성도를 높이고, 읽는 이의 이해를 돕는 중요한 요소입니다. 또한 회사 생활을 할 때 상황별로 '기재'를 해야 하는지 '기술'을 해야 하는지 잘 알고 사용한다면 보다 능력 있는 사원으로 보일 것입니다. 간단한 정보를 서류에 적는 것은 '기재'하고, 구체적 상황이나 사건을 묘사하여 설명하는 것은 '기술'합니다. 이 점을 기억한다면, 우리는 더욱 세밀하고 정확하게 정보를 전달할 수 있습니다.

오늘 중식 후 3시에
콘퍼런스가 있습니다

사회 생활을 하게 되면 뜻하지 않게 식사를 거르게 되는 경우가 발생합니다. 긴 회의 때문일 경우도 있고, 먼 출장을 가야 할 때도 있기 때문입니다. 한때 유행했던 말 중에 '밥 먹고 합시다'라는 말이 있습니다. 일에 쫓겨 밥을 거르는 직장인들에게 식사의 중요성을 일깨워주는 문장이었습니다. 이러한 '식사'를 일컫는 단어는 시간대에 따라 각각 다릅니다. 특히 요즘에는 이른 아침이나 점심 때 식사를 하면서 회의를 하는 경우도 많이 발생하니 상황별, 시간대별로 식사를 일컫는 단어를 잘 숙지해야 합니다.

위의 다양한 식사를 일컫는 단어 중 '중식(中食)'과 '오찬(吾餐)'은 모두 점심에 하는 식사를 의미합니다. 하지만 그 사용 맥락과 의미

- **조식**(朝食) – 아침 식사
- **중식**(中食) – 점심 식사
- **석식**(夕食) – 저녁 식사
- **야식**(夜食) – 늦은 밤에 먹는 간단한 식사
- **조찬**(朝餐) – 아침에 하는 격식 있는 식사
- **오찬**(午餐) – 점심에 하는 격식 있는 식사
- **만찬**(晚餐) – 저녁에 격식 있게 차리는 식사
- **별식**(別食) – 특별한 날이나 상황에서 먹는 특별한 음식
- **단식**(單食) – 단순하고 간단하게 먹는 식사
- **향연**(饗宴) – 여러 사람을 초대하여 차리는 성대한 연회
- **주연**(酒宴) – 술을 중심으로 한 연회

에는 다소 차이가 있습니다. '중식'은 주로 점심을 의미하며, 보통 낮 12시에서 오후 2시 사이에 먹는 식사를 가리킵니다. 반면 '오찬'은 공식적인 자리에서의 점심 식사를 의미하는 경우가 많습니다. 특히 비즈니스 미팅이나 특별한 이벤트와 관련이 깊습니다.

먼저 '중식'에 대한 이야기를 해보면 어느 날, 철호씨는 오랜만에 친구와 점심을 먹기로 했습니다. 회사 근처의 작은 식당을 찾았습니다. 그곳은 소박하지만 정감 가득한 곳으로, 항상 사람들이 북적거렸습니다. 메뉴판을 보니 다양한 음식이 있었지만, 서로의 입맛을 고려하여 된장찌개와 불고기를 주문하기로 했습니다. 식사가 나오고, 소소한 이야기를 나누면서 편안하고 즐거운 시간을 보낼 수 있었습니다. 철호씨는 오늘 '중식'은 이렇게 친구와의 소중한 시간을 나누는

평범하지만 특별한 순간이었다고 기억했습니다.

'오찬' 역시 점심입니다. 일반적으로 12시 전후에 먹는 식사인 것은 동일합니다. 그러나 주로 격식을 차리거나 특별한 이유로 마련된 점심 식사 모임에서 쓰인다는 점에서 차이가 있습니다. 예를 들면 회사의 중요한 클라이언트와 함께 식사를 하는 경우가 그렇습니다. 고객과 처음으로 만나는 날, 철호씨는 상사에게 이런 제안을 했습니다.

"상무님, 내일 미팅은 중요한 내용을 다뤄야 하니 식사를 겸해서 하시는 게 어떨까요?"

"그럴까요? 안 그래도 만나는 시간이 11시라 식사를 어떻게 해야 하나 고민이었는데 좋은 생각이네요."

"그럼, 제가 **오찬**을 할 만한 레스토랑을 알아보도록 하겠습니다."

다음날, 약속된 레스토랑에서 철호씨와 상사 그리고 클라이언트는 오찬을 나누며 본격적으로 일에 대한 이야기를 나누기 시작했습니다. 미팅을 마치고 철호씨는 회사로 복귀하며 '오찬' 덕분에 미팅이 잘 이루어진 듯해서 내심 뿌듯했습니다. 상무님도 철호씨의 센스 있는 제안에 칭찬을 아끼지 않았습니다.

'오찬'과 더불어 자주 쓰이는 단어로 '조찬(朝餐)'이 있습니다. 조찬은 아침 식사를 가리키며, 격식을 차리거나 비즈니스 혹은 중요한 만

남을 위해 아침에 마련된 식사 자리를 말합니다.

같은 회사의 민수씨는 회사의 큰 프로젝트에 관한 조언을 구하고자 오랜만에 지도 교수님께 연락을 했습니다. 교수님은 당일 논문 발표로 급히 제주도 비행기를 타야 한다고 하셨고, 이에 비행기 탑승 전 '조찬'을 하면서 이야기를 나누는 게 어떠냐고 제안했습니다. 민수씨는 공항 근처 조찬을 할 만한 장소를 알아보았고, 이른 오전 8시에 교수님과 만날 수 있었습니다. 식사를 하며 프로젝트 관련 연구 동향에 대해 심도 있는 대화를 나누었고 이를 잘 정리해서 프로젝트를 준비하는데 큰 도움을 얻었습니다

'중식'과 '오찬' '조찬' 등은 이렇게 각각의 상황에 따라 다른 의미를 지닙니다. '중식'은 일상 속의 사소한 만남과 소통을 가능하게 하며, '오찬'은 공식적인 자리에서의 관계를 강화하고 미래를 논의하는 기회를 제공합니다. '조찬'은 비즈니스에 관련된 이야기를 주로 하는 격식 있는 식사 자리를 말합니다.

이렇듯 '중식'과 '오찬' '조찬' 등은 단순한 식사를 넘어서는 의미를 가지고 있습니다. 더불어 우리 삶의 다양한 순간에서 중요한 역할을 합니다. 다음에는 또 다른 친구와의 '중식'이 기대되며, 회사의 '오찬' '조찬'에서도 더 많은 사람과의 관계나 일에서의 성과를 기대할 수 있습니다. 음식이 주는 즐거움과 함께 사람들 간의 유대감, 비즈니스 마인드와 태도를 익히는 것은 사회생활에 아주 중요한 점입니다.

우리 회사는
글로벌 기업을 지향/지양합니다

'지향(指向)'과 '지양(止揚)'은 헷갈리기 쉬운 말이지만, 그 의미는 서로 반대입니다. 각각 '목표를 향해 나아가다'와 '피하려고 하다'라는 의미로 쓰입니다. 그래서 이 두 단어는 올바른 사용법을 반드시 익혀두어야 실수를 하지 않게 됩니다.

우선 '지향'은 어떤 목표나 방향으로 나아가려고 한다는 의미입니다. 여기서 '지(指)'는 가리킨다는 뜻이고, '향(向)'은 방향이나 목표를 의미합니다. 따라서 '지향'은 목표를 정해 그 방향을 가리킨다는 뜻으로, 목표나 바람직한 방향으로 나아가려는 의지를 나타냅니다.

우리 회사는 고객 중심의 경영을 **지향**합니다.

→ 긍정적인 목표나 방향을 나타낼 때

반면 '지양'은 '어떤 행동이나 상태를 하지 않으려고 하다', 즉 피하려고 한다는 뜻입니다. 지양에서 '지(止)'는 '멈추다' 그리고 '양(揚)'은 '들어 올리다'라는 뜻을 가지고 있습니다. 원래 철학 용어로 변증법에서 '부정하면서도 긍정적인 상태로 새롭게 나아간다'라는 의미로 쓰였으나, 일상적으로는 바람직하지 않은 것을 멀리하거나 하지 않으려 한다는 뜻으로 사용됩니다.

우리는 불필요한 경쟁을 **지양**합니다.
→ 피하려는 행동이나 상태를 말할 때

'지향'과 '지양'의 의미를 실제 상황을 통해 더 구체적으로 이해해 보겠습니다. 신입사원인 지민씨는 입사 첫 주에 회사의 비전과 목표를 배우는 오리엔테이션에 참석했습니다. 대표는 회사가 추구하는 목표와 가치를 설명하면서, '우리 회사는 친환경 제품 생산을 지향한다'라고 강조했습니다. 대표는 앞으로 회사가 가야 할 방향이 친환경 생산이라는 것을 직원들에게 알리며, 이에 따라 회사의 제품 개발과 마케팅이 진행될 것임을 설명했습니다.

여기서 '지향'은 회사가 특정 목표, 즉 친환경적인 방향으로 나아가고자 하는 의지를 나타내며, 직원들이 앞으로 이 방향에 맞춰 업무를 진행해야 한다는 의미로 전달됩니다.

고등학교 교사인 민정씨는 반 학생들 간의 지나친 경쟁 분위기가 학업 스트레스를 더하고 있다는 것을 느꼈습니다. 민정씨는 학생들이 서로 과도한 비교와 경쟁으로 스트레스를 받기보다는 각자의 성장을 위해 노력하기를 바랐습니다. 학기 초 학급회의 시간에 민정씨는 '우리 반은 학생들 사이의 과도한 경쟁을 지양하고, 서로 응원하는 문화를 만들고자 합니다'라고 말했습니다. 여기서 '지양'은 과도한 경쟁을 피하자는 뜻으로 사용되었습니다. 민정씨가 바라는 것은 학생들이 서로의 성적에 집착하기보다는 자신의 목표에 맞춰 발전하는 것입니다. '지양'이라는 표현을 통해 과도한 경쟁을 하지 않고, 서로 응원하는 긍정적인 학급 분위기를 만들고 싶다는 의도를 분명히 전달할 수 있었습니다.

위의 두 사례에서 볼 수 있듯이, '지향'과 '지양'은 상황에 맞춰 올바르게 사용되어야 합니다. '지향'은 목표나 긍정적인 방향을 나타내는 데 쓰이고, '지양'은 피하거나 멀리하고자 하는 행동이나 상태를 표현하는 데 적합합니다. 이를 적절히 구분해 사용하면 의사소통의 명확성을 높이고, 듣는 사람도 메시지를 정확히 이해할 수 있습니다.

'지향'과 '지양'의 차이를 이해하고 올바르게 사용하는 것은 글쓰기뿐만 아니라 대화에서도 중요한 역할을 합니다. 바른 단어의 사용을 '지향'하고 잘못된 표현을 '지양'함으로써 우리의 언어 생활을 보다 아름답게 하려는 노력이 우리 모두가 '지향'해야하는 바가 아닐까 생각합니다.

이 내용은 다른 부서와
협의/협조된 사항입니다

'협조(協助)'와 '협의(協議)'는 모두 협력과 관계된 단어입니다. 하지만, 그 뜻과 쓰임새에 차이가 있습니다. '협조'는 주로 힘을 합하고 서로 도움을 주고받는 것을 의미하며, '협의'는 둘 이상의 사람이 의견을 나누고 조율하는 것을 뜻합니다. 이 둘을 명확히 구분하여 사용하면 의사소통에서 오해를 줄이고 상대방과 효과적인 협력을 이끌어낼 수 있습니다. 각각의 정의와 구체적인 사례를 통해 바르게 사용하는 방법을 살펴보겠습니다.

'협조'는 특정한 목표를 위해 다른 사람이나 단체에게 도움을 주거나, 도움을 요청하는 상황에서 사용됩니다. 여기서 '협(協)'은 '합하다' 그리고 '조(助)'는 '돕다'라는 뜻입니다. 공통의 목표를 위해 협력하거나 지원하는 행위를 의미합니다. 예를 들어 업무에서 다른 부서의 도움을 구할 때나 프로젝트의 원활한 진행을 위해 특정 부서의 도움을 요청하는 경우에 사용됩니다.

반면 '협의'는 서로 다른 의견을 가진 사람들이 문제를 해결하기 위해 의견을 조율하거나 논의하는 행위를 뜻합니다. '협(協)'이 '합하다'는 뜻인 것은 동일하지만, '의(議)'는 '의논하다'는 뜻으로 사용되며, 주로 의견 충돌을 조정하고 합의를 도출하는 과정에서 쓰입니다. 예를 들어, 회사 내에서 새로운 정책을 도입할 때 다양한 의견을 수렴하고 합의하기 위해 부서 간 '협의'가 필요합니다. 이 두 단어를 잘 쓰기 위해서는 상황별 쓰임을 이해하면 좋습니다.

대형 마트에서 홍보 담당자로 일하는 선아씨는 이번 주말에 있을 행사에 필요한 홍보물 준비를 해야 합니다. 그러나 행사가 임박한 상황이라 시간도 부족하고, 필요한 인원도 충분하지 않은 상태입니다. 선아씨는 물류팀에 연락해 주말 동안 홍보물 배치를 위해 인력 지원을 요청했습니다. 선아씨는 "주말 행사를 위해 물류팀의 협조를 부탁드립니다."라고 말하며, 행사에 필요한 지원을 구했습니다.

이 상황에서 '협조'는 다른 부서의 도움을 요청하는 의미로 사용되었습니다. 홍보팀 혼자서 해결할 수 없는 상황에서 물류팀의 지원이 필요했고, 이를 통해 행사가 원활히 진행될 수 있도록 돕기 위한 목적이 있습니다. 만약 선아씨가 '물류팀과 협의를 요청합니다'라고 말했다면, 물류팀과 의견을 조정하거나 합의하는 의미로 전달되어, 원래 의도와 다른 의미가 되었을 것입니다.

회사에서 인사 담당자인 지영씨는 근무 시간 조정을 위한 새로운 정책을 마련하고자 합니다. 근무 시간 조정은 각 부서에 직접적인 영향을 미치므로, 모든 부서의 의견을 반영해야 합니다. 지영씨는 각 부서장과 미팅을 잡아, 새로운 정책에 대해 "다양한 의견을 반영할 수 있도록 모든 부서와 협의하겠습니다."라고 말했습니다.

여기서 '협의'는 각 부서의 의견을 듣고 조정하는 과정을 의미합니다. 새로운 정책이 모든 부서에 미치는 영향을 고려하고, 가능한 최선의 안을 만들기 위해 여러 부서의 의견을 수렴하여 논의하는 것이므로, 협의라는 단어가 적합합니다. 만약 지영이 '모든 부서와 협조하겠습니다'라고 말했다면, 단순히 부서들이 지원이나 도움을 주는 의미로 해석될 수 있어, 정책 조정을 위한 논의의 의미가 제대로 전달되지 않았을 것입니다.

'협조'와 '협의'는 상황에 맞는 단어를 사용하는 것이 중요합니다. '협조'는 특정한 목표 달성을 위해 누군가의 지원이 필요할 때 사용하는 표현이며, '협의'는 서로 다른 의견을 조정하고 합의가 필요한 상황에서 사용됩니다. 이를 올바르게 구분하여 사용하면 의사소통의 명확성을 높이고 상대방의 의도도 정확히 파악할 수 있습니다.

협조를 요청할 때는, 상대방이 실제로 어떤 도움을 줄 수 있을지 구체적으로 설명해야 합니다. 예를 들어, '주말 행사 진행을 위해 물류팀의 협조를 부탁드립니다'와 같이, 필요한 협력 사항과 도움을 명확히 밝혀야 합니다. '협의'가 필요한 경우에는, 상대방의 의견을 듣고 조정할 필요가 있음을 분명히 전달하는 것이 중요합니다. 예를 들어, '근무 시간 조정 정책 도입을 위해 각 부서와 협의하겠습니다'라고 말해 각자의 입장을 존중하며 논의의 필요성을 강조해야 합니다.

'협의'의 경우 지금까지 설명한 내용 외에 또 다른 뜻도 있습니다. '협의(狹義)'라고 해서 어떤 말의 개념을 정의할 때에 좁은 의미라는 뜻도 있습니다. 이때의 협의는 좁은 의미라는 뜻으로, 넓은 의미의 '광의(廣義)'나 일반적으로 쓰이는 넓은 의미를 뜻하는 '범의(汎意)'와 구분해서 사용해야 합니다.

이번 보고서는 환경문제를 **협의**하는 차원에서 기술했다.

이와 같이 '협조'와 '협의'의 차이를 이해하고 적절히 사용하는 것은 업무에서의 소통 효율을 높이고, 상대방과의 관계를 원활하게 만들어줍니다. '협조'는 도움과 지원이 필요할 때, '협의'는 의견 조정과 논의가 필요할 때 사용하는 말입니다. 이 두 단어를 상황에 맞게 사용하여 명확하고 효과적인 의사소통을 이끌어내며, 상호 간의 협력과 조율이 원활하게 이루어질 수 있을 것입니다.

이 서류는 전결/상신 처리하겠습니다

'전결(專決)'과 '상신(上申)'은 조직 내에서 의사결정과 보고 체계에 관련된 용어로, 회사 내 의사소통 및 결재 과정에서 중요한 역할을 합니다. 이 두 개념은 결정 권한과 보고 절차를 규정하는 중요한 관리 개념입니다. 특히 신입사원들에겐 어색하겠지만, 잘 이해하고 적절히 사용하는 것이 효과적인 회사생활에 필수적입니다. 여기서는 '전결'과 '상신'의 정의와 차이를 설명하고 회사 생활에서 이를 실제로 어떻게 사용하는지 에피소드를 통해 구체적으로 살펴보겠습니다.

'전결'은 특정 범위의 사안에 대해 위임받은 사람이 독자적으로 결정을 내리는 것을 말합니다. '전(專)'은 '독자적'이라는 의미를, '결(決)'은 '결정하다'는 뜻을 가집니다. 상급자의 승인 없이 위임받은 사람이

최종 결정을 내리는 것을 의미합니다. 예를 들어, 팀장이나 부서장이 일상적이고 반복적인 사안을 혼자서 결정할 수 있는 권한을 가진 경우, 이를 '전결'이라고 합니다. 빠른 결정을 통해 업무 효율성을 높이는 데 유용하며, 특히 회사의 규정에 따라 권한이 위임된 상황에서 이루어집니다.

반면 '상신'은 자신이 담당하는 업무에 대해 상급자의 승인이 필요할 때, 상급자에게 보고하거나 결재를 요청하는 과정입니다. 의사결정을 위임받지 않은 사안이거나 중요한 사항일 때 주로 이루어지며, 상급자에게 업무의 진행 상황을 알리고 승인을 요청하는 보고 체계의 한 형태입니다. 예를 들어, 새로운 프로젝트를 기획하거나 예산을 배정받아야 할 때는 '상신'을 통해 상급자의 승인을 받아야 합니다.

따라서 '전결'과 '상신'의 가장 큰 차이는 의사결정의 주체가 누구인가와 권한 위임의 정도입니다. '전결'은 위임된 권한을 바탕으로 독립적으로 결정을 내리는 것이고, '상신'은 상급자의 결재와 승인이 필요한 사안에 대해 위로 보고하는 체계입니다. '전결'과 '상신'의 의미를 구체적인 상황을 통해 더 자세히 이해해 보겠습니다.

마케팅 부서 팀장인 수민은 주간 마케팅 보고서를 작성하고, 각종 광고비 집행을 관리하는 업무를 맡고 있습니다. 주간 보고서 작성과 광고비 집행은 주기적으로 이루어지는 일상적 업무로, 이와 관련된 비용은 이미 예산 안에서 사용되기 때문에 팀장인 수민이 전결 권한을 가지고 있습니다.

어느 날, 광고비가 예상보다 초과될 상황이 발생했습니다. 예산 내에서 처리할 수 있는 정도의 추가 비용이었기에 수민은 이를 직접 승인하고 광고비를 집행하기로 결정했습니다. 상급자에게 별도 보고를 올리지 않고 자신의 제 권한을 사용한 것으로, 이는 '전결'입니다.

수민의 이 결정 덕분에 광고 집행이 지연되지 않고 즉시 진행될 수 있었고, 회사는 예산 내에서 적시에 효과적으로 광고비를 활용할 수 있었습니다. 만약 수민이 '전결' 권한을 제대로 이해하지 못하고 '상신'을 올렸다면 광고 집행은 늦어졌을 것이고, 이로 인해 마케팅 효과가 저하될 수도 있었습니다.

수민의 팀에서는 새로운 제품 론칭을 기념해 대규모 캠페인을 기획하기로 했습니다. 이번 캠페인은 기존의 일상적 광고 집행보다 훨씬 큰 예산이 필요하고, 중요한 마케팅 전략의 일환이었으므로 수민은 '상신'을 통해 상급자의 승인을 받기로 했습니다. 수민은 캠페인의 목적, 기대 효과, 필요한 예산 등을 포함한 상세한 보고서를 작성해 부장에게 '상신'했습니다.

부장은 보고서를 검토하고, 회사의 목표에 부합한다고 판단하여, 수민의 기획안을 승인했습니다. 이후 캠페인은 회사의 공식적인 승인을 받아 진행될 수 있었고, 마케팅팀은 상급자의 승인을 받은 만큼 자신감을 가지고 업무를 추진할 수 있었습니다.

이처럼 중요한 의사결정이나 예산 배정이 필요한 상황에서는 '상신'을 통해 상급자의 승인을 받는 것이 필수적입니다. 만약 수민이 '전결'로 캠페인을 진행했다면, 큰 예산을 독자적으로 사용하는 결정을 내린 셈이 되어 회사의 규정을 위반했을 수 있습니다. 따라서 중요한 사안은 '상신'을 통해 투명하게 보고하고, 필요한 승인을 얻는 것이 회사 내 신뢰와 체계적인 의사결정에 필수적입니다.

'전결'과 '상신'을 회사생활에서 바르게 사용하는 것은 업무 효율성과 신뢰를 높이는 데 중요한 역할을 합니다. '전결'을 바르게 사용하려면 회사에서 위임받은 권한과 그 한계를 명확히 인지해야 합니다. '전결'의 범위 내에서 독자적으로 결정을 내릴 수 있지만, 만약 권한을 넘어서는 결정이 필요하다면 '상신'을 통해 상급자의 승인을 받아야 합니다. '상신'을 바르게 사용하려면 보고할 내용과 필요성을 명확히 파악하고, 상급자가 결정을 내리는 데 도움이 될 수 있도록 충분한 정보를 제공해야 합니다. '상신' 과정에서 구체적이고 명확한 보고서를 작성하여, 상급자가 의사결정을 신속하게 내릴 수 있도록 돕는 것이 중요합니다.

'전결'과 '상신'은 회사 내 효율적인 의사결정 체계를 유지하고, 책임을 명확히 하기 위해 반드시 필요한 절차입니다. 전결은 위임받은 범위 내에서 독자적으로 결정해 효율성을 높이는 것이고, 상신은 상급자의 승인 하에 중요한 결정을 내려야 할 때 사용됩니다. 이를 명확히 이해하고 적절히 사용하는 것은 회사 내에서 신뢰받는 구성원이 되는 데 필수적이며, 나아가 조직의 성과와 효율성을 높이는 데 큰 기여를 할 수 있습니다.

이 문건을 검토/검수해주시기 바랍니다

'검토(檢討)'와 '검수(檢收)'는 모두 확인이나 평가의 의미를 지니고 있지만, 그 사용되는 맥락과 의미는 다릅니다. '검토'는 주로 어떤 자료나 문서의 내용, 형식 등을 확인하고 수정하거나 보완하는 과정을 의미하며, '검수'는 주로 제품이나 물품의 수량과 상태를 점검하여 이상이 없는지를 확인하는 행위를 뜻합니다.

'검토'는 어떤 자료나 문서를 면밀히 살펴보는 과정을 의미합니다. 여기에는 내용의 정확성, 적절성, 논리적 일관성 등을 평가하는 과정이 포함됩니다. 대개 초기 단계에서 이루어지며, 문서나 자료의 질을 높이기 위한 수정 및 보완의 목적을 가지고 있습니다. 예를 들어 보고서 초안이나 제안서, 계약서 등을 작성한 후, 최종 제출 전에 체크해서 오류나 불일치가 없는지 확인하는 것이 이에 해당합니다. '검토'와 비슷한 말에는 '검사' '검열' '검정'이 있습니다. 하지만 네 단어의 뜻이 조금씩 다릅니다. 아래의 사항을 참고하세요.

① **검사**(檢査)
사실이나 일의 상태 또는 물질의 구성 성분 따위를 조사하여 옳고 그름과 낫고 못함을 판단하는 일
예문) 이 백신은 까다로운 **검사** 절차를 밟았다.

② **검열**(檢閱)
어떤 행위나 사업 따위를 살펴 조사하는 일. 군사, 교육, 작전 준비, 장비 따위의 군사 상태를 살펴보는 일. 언론, 출판, 보도, 연극, 영화, 우편물 따위의 내용을 사전에 심사하여 그 발표를 통제하는 일. 사상을 통제하거나 치안을 유지하기 위한 것이다.
예문) 영화의 사전 **검열**이 폐지되었다.

③ **검정**(檢定)
일정한 규정에 따라 자격이나 조건을 검사하여 결정함. 어떤 자격에 필요한 지식, 학력, 기술 따위가 있는지 검정하기 위하여 실시하는 시험
예문) 이번 교과서 **검정** 작업은 매우 어려웠다.

반면 '검수'는 물품이나 제품의 상태, 수량, 품질 등을 점검하고 확인하는 과정을 의미합니다. 이는 보통 특정 기준에 맞추어 제품이나 물품이 정상인지 확인하는 절차로, 제품이 출하되기 전에 실시되는 과정입니다. 예를 들어, 주문한 상품이 도착했을 때 수량과 품질을 점

검하여 이상이 없는지를 확인하는 것이 '검수'입니다.

이러한 정의를 바탕으로 볼 때 '검토'는 주로 문서나 자료의 내용을 평가하고 수정하는 데 초점을 맞추고, '검수'는 물품이나 제품의 상태와 수량을 점검하는 데 중점을 둡니다. '검토'는 문서나 자료의 내용을 평가하고 수정하는 데 중심을 두고 '검수'는 물품이나 제품의 상태와 수량 점검에 대한 의미입니다.

이 두 단어를 잘 사용하기 위해서는 회사 생활 중에서 발생하는 상황을 잘 살펴보고 이를 인지하는 것이 좋습니다. 아래는 두 단어를 유용하게 쓴 상황입니다.

지민씨는 마케팅팀 사원입니다. 분기별 마케팅 활동에 대한 보고서를 작성해야 합니다. 보고서는 상급자에게 제출해야 하며, 이후 회사 전체 회의에서 발표할 예정입니다. 지민씨는 보고서를 초안으로 작성한 후, 동료인 영수씨에게 '검토'를 요청했습니다.

"영수씨, 내 보고서 좀 **검토**해 주시겠어요?"

지민씨가 요청했습니다. 영수씨는 지민씨의 보고서를 면밀히 읽어보며 내용의 일관성과 통계 자료의 정확성을 확인했습니다. 몇 군데 문장 표현이 어색한 부분과 데이터 오류를 발견하여 지민씨에게 피드백을 주었습니다. 지민씨는 영수씨의 의견을 반영해 보고서를 수정하고, 최종본을 상급자에게 제출했습니다. 이 상황에서 지민씨는 보고서의 내용과 형식을 '검토'하는 과정을 통해 더 나은 품질의 결과물을 만들어낼 수 있었습니다. 지민씨는 동기인 영수씨에게 이번 보고가 끝나면 크게 한 턱 내리리 다짐했습니다.

한편, 물류팀의 대리인 수현씨는 매주 월요일마다 입고된 물품의 '검수'를 담당하고 있습니다. 이번 주에는 대량의 물품이 도착했기 때문에, 수현씨는 각 제품의 수량과 상태를 꼼꼼히 확인해야 합니다. 물품 목록을 확인하고, 실제로 도착한 제품을 체크하기 시작했는데, 수량이 맞지 않았습니다. 수현씨는 본부에 즉시 보고했습니다. 수현씨는 다른 물품들도 확인하면서, 각 물품의 상태를 점검했습니다. 이상이 없는 물품은 재고에 반영하고, 부족한 부분은 공급업체에 즉시 연락하여 문제를 해결했습니다.

'검수'를 통해 수현씨는 미리 문제를 발견하여 사후 처리를 할 수 있었고, 이로 인해 물류팀은 고객에게 지체 없이 상품을 공급할 수 있었습니다. 이 상황에서 수현씨는 입고된 물품의 상태와 수량을 검수하여, 정상적인 운영을 유지하는 데 기여했습니다. 검수를 소홀히 했다면, 잘못된 재고 관리로 인해 고객 불만이 발생했을 것입니다.

'검토'와 '검수'를 바르게 사용하는 것은 업무의 품질과 효율성을 높이는 데 중요합니다. '검토'를 잘하기 위해서는 검토할 문서나 자료의 목적을 명확히 하고, 필요한 경우 다른 사람에게 피드백을 요청하는 것이 좋습니다. 그 과정에서 얻은 다양한 의견은 내용을 더욱 풍부하고 정확하게 만들어 줍니다.

'검토'와 '검수'는 업무에서 매우 중요한 두 가지 개념입니다. 각각 문서와 자료의 품질을 높이고, 제품과 물품의 상태를 확인하는 데 필수적인 역할을 합니다. 이 두 가지 과정을 명확히 이해하고 적절하게 사용하는 것은 조직 내 의사소통을 원활하게 하고, 품질 높은 결과물을 만들어내는 데 기여할 수 있습니다. 따라서 각자의 업무 환경에 알맞게 이 두 가지 개념을 바르게 적용하는 것이 중요합니다.

오늘 제 발표에 대해
지적/평가/조언 부탁드려요

직장에서는 상사나 동료로부터 자신의 업무나 태도에 대한 피드백을 받게 되는 상황이 자주 있습니다. 이 피드백은 크게 '지적(指摘)' '평가(評價)' '조언(助言)' 세 가지로 나누어 볼 수 있는데요, 이를 구별하는 것은 피드백을 받아들이고 개선하는 데 중요한 역할을 합니다.

'지적'은 업무 중에 발생한 실수나 부족한 부분을 구체적으로 짚어내어 바로잡는 피드백입니다. 주로 실수나 오류에 초점을 맞추며, 개선해야 할 점을 명확하게 지적하는 것이 특징입니다.

'평가'는 객관적인 기준을 바탕으로 업무 성과나 행동에 대한 전반적인 분석과 판단을 내리는 것을 말합니다. 평가의 목적은 업무 능력을 측정하고 향후 목표를 설정하는 데 도움을 주기 위한 것입니다. 이는 연말 평가나 프로젝트 리뷰와 같은 공식적인 자리에서 이루어지는 경우가 많습니다.

'조언'은 업무나 직장 생활에서 발전할 수 있는 방법을 제시하는 도움을 주려는 피드백입니다. 주로 경험에 기반한 조언을 통해 업무 능력을 향상시키거나 문제를 해결하는 데 도움이 됩니다. 대상자의 장기적인 발전을 고려한 경우가 많습니다.

'지적' '평가' '조언'을 명확히 구별하면 피드백을 올바르게 이해하고 그에 맞는 대응을 할 수 있습니다. 특히 '지적' '평가' '조언'은 상황에 맞게 적절하게 사용해야 회사 생활에서 발생할 수 있는 다양한 상황에 적절히 대처할 수 있습니다. 이 셋은 각 피드백의 목적과 전달 방식에 따라 차이를 구별할 수 있습니다. 다음은 예시를 통해 이 세 가지 피드백에 대해 좀 더 자세히 알아보겠습니다.

가장 먼저 프로젝트 보고서를 작성한 후 피드백을 받는 상황입니다. 보고서 작성 후 상사가 '이 부분의 데이터 분석이 부족해서 결론이 명확하지 않다'라고 말할 때, 이는 명확히 부족한 부분을 '지적'하는 것입니다. 상사는 특정 부분에 초점을 맞추어 수정해야 할 부분을 알려주는 상황입니다.

이후 이어지는 '이번 보고서는 주제와 관련한 내용은 좋았지만, 데이터 분석에서는 아쉬움이 있다'와 같은 피드백은 '평가'입니다. 상사는 이번 보고서에 대한 전반적인 평가를 통해 긍정적인 부분과 개선할 부분을 종합적으로 전달하고 있습니다.

'다음에 보고서를 작성할 땐 데이터 분석에 좀 더 신경을 썼으면 한다. 필요한 자료는 미리 수집하는 것도 좋은 방법이다'라는 말을 들었다면, 이는 앞으로 보고서를 더 잘 작성할 수 있도록 하는 '조언'입니다. 상사는 보고서 작성 능력을 키우기 위해 실질적인 도움을 주는 제안을 하고 있습니다.

연말 성과 리뷰 미팅을 하는 상황도 가정해 보겠습니다. 상사가 '프로젝트 진행 중에 기한을 지키지 못한 부분이 있었는데, 앞으로는 더욱 신경을 쓰면 좋겠다'라고 말할 경우, 이는 연말 평가에서 특정 문제점을 '지적'한 것입니다. 기한 준수와 같은 특정한 문제점을 짚어내며, 이를 개선하기 위한 구체적인 피드백을 제공합니다.

또한 '올해 프로젝트들이 전반적으로 잘 마무리되었고, 팀원들과의 협업도 원활했다. 하지만 기한을 지키지 못한 점은 개선이 필요하다'라고 말하는 것은 전반적인 성과에 대한 '평가'입니다. 상사는 장점과 단점을 모두 언급하며 평가를 통해 종합적으로 피드백을 제공하고 있습니다.

이후 상사가 '내년에는 프로젝트 기한을 미리 관리할 수 있도록 업무 계획을 더 꼼꼼히 세우는 연습을 하는 게 좋겠다'라고 한다면, 이는 앞으로 더 효율적으로 일할 수 있는 방법을 제시하는 '조언'입니다. 기한 관리 능력을 향상시키기 위해 구체적인 방법을 추천하는 것입니다.

'지적' '평가' '조언'은 상황별로 하는 것도 중요하지만 받아들이는 방법 또한 중요합니다. '지적'을 받아들일 때는 문제를 인정하고 개선 방안을 찾는 것이 무엇보다 중요합니다. 방어적인 태도보다는 문제를 인정하고 개선할 방안을 모색하는 태도가 필요한 때입니다.

'지적'은 즉각적인 수정이 필요한 부분을 알려주는 피드백이므로 이를 받아들여 개선하는 것이 중요합니다. 또한 구체적인 개선 방법 찾는 것도 중요합니다. 지적받은 부분을 개선하기 위해 상사나 동료에게 구체적인 해결 방법을 물어보거나, 비슷한 실수를 반복하지 않도록 계획을 세우는 것이 좋습니다.

'평가'를 받아들일 때는 성과를 점검하고 목표 설정해야 합니다. 장점과 단점을 함께 점검하는 것이 중요합니다. '평가'는 장기적인 목표 설정에 도움이 되는 피드백입니다. 긍정적인 부분은 유지하고, 개선이 필요한 부분은 더 발전시킬 수 있도록 스스로 점검하는 것이 중요합니다. 또한 미래의 목표 설정해야 합니다. '평가'를 통해 자신의 장점과 단점을 확인했다면 이를 바탕으로 미래의 구체적인 목표를 설정해야 합니다. 평가 내용을 참고하여 개선할 점을 중심으로 목표를 세우는 것이 중요합니다.

'조언'을 받아들일 때는 이것을 성장할 기회로 삼는 것이 중요합니다. '조언'은 대개의 경우 경험을 통해 얻게 되는 통찰과 정보를 제공합니다. 상사나 동료의 조언을 겸허히 받아들이고 이를 통해 성장할 수 있는 기회로 삼아야 합니다. 또한 '조언'에서 제시된 방법을 실천하면서 업무 능력을 키워가는 것이 중요합니다. 직장 생활에서 꾸준히 자기개발을 하고자 할 때 '조언'은 중요한 도움이 될 수 있습니다.

'지적' '평가' '조언'은 직장에서 피드백을 주고받는 과정에서 각기 다른 목적과 방식으로 주어지게 됩니다. 이를 구별하여 올바르게 받아들이는 것이 중요합니다. '지적'은 즉각적인 수정이 필요한 문제를 짚어주고, '평가'는 전반적인 업무 성과를 점검하며, '조언'은 장기적인 발전을 위한 도움을 제공합니다.

타인에게 좋은 '평가'를 받기 위해서는 평소 '지적'과 '조언'에 귀 기울이는 습관도 중요합니다. 누군가 나의 결과물에 대해 지적을 하거나 조언을 해줄 때는 우선 그 이야기를 충분히 듣고 이 중에서 내가 적용할 수 있는 것부터 하나씩 개선해보는 것은 어떨까요?

그 외 직장에서 모르면

진짜 호구 되는 한자어

(1) 정례(定例)는 정해진 예(例)라는 뜻입니다. 정기적인 일정과 회의, 관습적인 절차를 말합니다. 요즘에는 정해진 일정에 따라 반복적으로 열리는 회의나 브리핑을 의미합니다.

오늘은 회사에서 매달 열리는 회의는 **정례** 회의가 있는 날입니다.

임직원들은 오늘 **정례** 보고를 위해 상위 기관으로 출근합니다.

이번 주 **정례** 회의에서는 지난 달 실적을 발표할 예정입니다.

(2) 현안(懸案)은 아직 해결되지 않은 문제나 당면한 주요 사안을 뜻합니다.

이번 회의의 주요 **현안**은 새로운 프로젝트의 추진 일정입니다.

(3) 조정(調整)은 여러 상황이나 의견을 맞추기 위해 조율하는 과정을 의미합니다.

일정이 겹쳐서 부서 간 협력을 위해 조정이 필요합니다.

(4) 보류(保留)는 결정이나 진행을 잠시 멈추고 나중으로 미루는 것을 뜻합니다.

프로젝트 일부 진행을 예산 문제로 **보류**하기로 했습니다.

(5) 일괄(一括)은 여러 가지를 한 번에 처리하거나 하나로 묶어서 해결하는 것을 뜻합니다.

회의 자료를 **일괄** 정리하여 공유드리겠습니다.

(6) 감안(勘案)이란 여러 상황이나 조건을 고려하여 판단하거나 처리하는 것을 뜻합니다.

고객의 요청을 **감안**해 수정안을 마련했습니다.

(7) 시사(示唆)란 특정 사안이나 문제에 대해 간접적으로 나타내거나 암시하는 것을 의미합니다.

이번 발표는 경쟁사의 전략 변화를 **시사**합니다.

(8) 차질(蹉跌)은 예상된 일정이나 계획에 문제가 생겨 제대로 진행되지 않는 상태를 의미합니다.

예산 삭감으로 인해 일정에 **차질**이 생겼습니다.

(9) 보류(保留)는 당장 결정을 내리지 않고 잠시 미루는 것입니다.

해당 안건은 다음 회의까지 **보류**하겠습니다.

(10) 발주(發注)는 물품이나 서비스를 외부에 주문하여 요청하는 것을 의미합니다.

사무용품 **발주**를 담당자에게 요청해 주세요.

(11) 발령(發令)은 사람을 새롭게 임명하거나 인사 조치를 내리는 것을 의미합니다.

본사에서 내년 초에 인사 **발령**이 있을 예정입니다.

(12) 기안(起案)은 초안을 작성하거나 문서를 처음으로 작성하는 것을 의미합니다.

새로운 프로젝트에 대한 **기안**을 작성해 주세요.

(13) 보고(報告)는 상사나 관련자에게 업무 진행 상황을 알리는 것을

의미합니다.

프로젝트 진행 상황을 매주 **보고**하겠습니다.

(14) 승인(承認)은 상급자가 요청이나 제안에 대해 허락하고 인정하는 것을 의미합니다.

이제 상사로부터 **승인**을 받아야 합니다.

(15) 전출(轉出)은 다른 부서나 외부로 이동하는 것, **전입(轉入)**은 다른 부서나 외부에서 새로운 부서로 들어오는 것을 의미합니다.

저는 다음 달에 타 부서로 **전출**됩니다.

이사를 한 후 **전입** 신고를 했다.

(16) 사양(仕樣)은 제품이나 설비의 크기, 성능, 재료 등 구체적인 사항을 기록한 것을 의미합니다.

이번 제품의 **사양**을 꼼꼼히 검토해 주세요.

(17) 수령(受領)은 물품이나 서류 등을 실제로 받는 것을 의미합니다.

고객이 물품 **수령** 확인을 해 주셔야 합니다.

(18) 양도(讓渡)는 권리나 자산을 다른 사람이나 기관에 넘겨주는 것

을 의미합니다.

그 회사는 지분을 다른 회사에 **양도**했습니다.

(19) 제안(提案)은 특정 안건이나 아이디어를 상급자나 동료에게 제시하는 것을 의미합니다.

이 문제를 해결하기 위한 새로운 방안을 **제안**하고자 합니다.

(20) 착수(着手)는 일을 시작하거나 프로젝트를 본격적으로 진행하는 것을 의미합니다.

이번 주부터 신제품 개발에 **착수**합니다.

(21) 감사(監査)는 회계나 업무 등을 감독하고 조사하는 것입니다.

오늘부터 다음 달 말일까지 **감사**가 실시됩니다.

6장
한 뼘 더 나아가는
우리말 상식

둘 다 표준어인 우리말 어휘

국립국어원은 2011년과 2015년에 맞춤법을 개정했습니다. 두 번의 개정을 통해 뜻이 비슷한 단어나 일상 생활에서 이미 언중들에 의해 많이 사용된 단어들을 추가로 인정함으로써 보다 명확하고 자유로운 의사소통이 가능해졌는데요, 우선 2011년 맞춤법 개정에서는 총 39개의 어휘를 표준어로 추가했습니다

(현) 간질이다 → (추) 간지럽히다

(현) 남우세스럽다 → (추) 남사스럽다

(현) 목물 → (추) 등물

(현) 만날 → (추) 맨날

(현) 묏자리 → (추) 묫자리

(현) 복사뼈 → (추) 복숭아뼈

(현) 세간 → (추) 세간살이

(현) 쌉싸래하다 → (추) 쌉사름하다

(현) 고운대 → (추) 토란대

(현) 허섭스레기 → (추) 허접쓰레기

(현) 토담 → (추) 흙담

(현) ~ 기에 → (추) ~ 길래

–길래: '-기에'의 구어적 표현

(현) 괴발개발 → (추) 개발새발

괴발개발: 고양이의 발과 개의 발

개발새발: 개의 발과 새의 발

(현) 날개 → (추) 나래

나래: '날개'의 문학적 표현

(현) 냄새 → (추) 내음

내음: 향기롭거나 나쁘지 않은 냄새로 제한된다.

(현) 눈초리 → (추) 눈꼬리

눈초리: 어떤 대상을 바라볼 때 눈에 나타나는 표정

눈꼬리: 눈의 귀 쪽으로 째진 부분

(현) 떨어뜨리다 → (추) 떨구다

떨구다: 시선을 아래로 향하다.

(현) 뜰 → (추) 뜨락

뜨락: 추상적 공간을 비유하는 뜻이 있다.

(현) 메우다 → (추) 메꾸다

메꾸다: 무료한 시간을 적당히 또는 그럭저럭 흘려 보내다.

(현) 손자(孫子) → (추) 손주

손자: 아들의 아들 또는 딸의 아들

손주: 손자와 손녀를 아울러 이르는 말

(현) 어수룩하다 → (추) 어리숙하다

어수룩하다: '순박함/순진함'의 뜻이 강하다.

어리숙하다: '어리석음'의 뜻이 강하다.

(현) 연방 → (추) 연신

연신: 반복성을 강조한다.

연방: 연속성을 강조한다.

(현) 휭허케 → (추) 휑하니

휭허케: '휑하니'의 예스러운 표현

(현) 거치적거리다 → (추) 걸리적거리다

(현) 두루뭉술하다 → (추) 두리뭉실하다

(현) 맨송맨송 → (추) 맨숭맨숭/맹숭맹숭

(현) 바동바동 → (추) 바둥바둥

(현) 새치름하다 → (추) 새초롬하다

(현) 아옹다옹 → (추) 아웅다웅

(현) 야멸치다 → (추) 야멸차다

(현) 오순도순 → (추) 오손도손

(현) 찌뿌듯하다 → (추) 찌뿌둥하다

(현) 치근거리다 → (추) 추근거리다

(현) 태껸 → (추) 택견

(현) 품세 → (추) 품새

(현) 자장면 → (추) 자장면

더불어 국립국어원은 2014년 12월 15일 '2014년 표준어 추가 사정안'을 발표하고 인터넷 표준국어대사전에 새롭게 반영했습니다. 실생활에선 많이 쓰이지만, 그동안은 비표준어로 분류됐던 13개 어휘가 국립국어원에 의해 표준어로 추가 인정됐습니다. 국립국어원에 따르면 실제 언어생활에서 사용 빈도가 높고 표준어로 인정해야 한다는 요구가 높은 것들로 표준어 13개를 선별했다고 설명했습니다.

이때 새롭게 표준어의 지위를 획득한 13개 단어는 크게 두 종류로 나뉩니다. 발음이 비슷한 단어를 복수 표준어로 인정한 것과 현재 표준어와 뜻이나 어감이 달라서 별도의 표준어로 인정한 것입니다.

발음이 비슷하거나 뜻이 같은 경우(현재 표준어와 같은 의미)

(현) 구안괘사 → (추) 구안와사

(현) 굽실 → (추) 굽신

(현) 눈두덩 → (추) 눈두덩이

(현) 삐치다 → (추) 삐지다

비슷하지만 뜻이나 어감이 다른 경우(별도의 표준어로 따로 인정한 경우)

(현) 개개다 → (추) 개기다

개개다: 성가시게 달라붙어 손해를 끼치다.

개기다: (속되게) 명령이나 지식을 따르지 않고 버티거나 반항하다.

(현) 꾀다 → (추) 꼬시다

꾀다: 그럴듯한 말이나 행동으로 남을 속이거나 부추겨서 자기 생

각대로 끌다.

꼬시다: '꾀다'를 속되게 이르는 말

(현) 장난감 → (추) 놀잇감

장난감: 아이들이 가지고 노는 여러 가지 물건

놀잇감: 놀이 또는 아동 교육 현장 따위에서 활용되는 물건이나 재료

(현) 딴죽 → (추) 딴지

딴죽: 이미 동의하거나 약속한 일에 대하여 딴전을 부림을 비유적으로 이르는 말

딴지: (주로 '걸다, 놓다'와 함께 쓰여) 일이 순순히 진행되지 못하도록 훼방을 놓거나 어기대는 것

(현) 사그라지다 → (추) 사그라들다

사그라지다: 삭아서 없어지다.

사그라들다: 삭아서 없어져 가다.

(현) 섬뜩 → (추) 섬찟

섬뜩: 갑자기 소름이 끼치도록 무섭고 끔찍한 느낌이 드는 모양

섬찟: 갑자기 소름이 끼치도록 무섭고 끔찍한 느낌이 드는 모양

(현) 속병 → (추) 속앓이

속병: ①몸속의 병을 통틀어 이르는 말 ②위장병을 일상적으로 이르는 말 ③화가 나거나 속이 상하여 생긴 마음의 심한 아픔

속앓이: ①속이 아픈 병, 또는 속에 병이 생겨서 아파하는 일 ②겉으로 드러내지 못하고 속으로 걱정하거나 괴로워하는 일

(현) 허접스럽다 → (추) 허접하다

허접스럽다: 허름하고 잡스러운 느낌이 있다.

허접하다: 허름하고 잡스럽다.

단, '개기다'와 '꼬시다'는 표준어로 인정되긴 하지만 속된 표현임을 잘 기억하고 사용하세요!

2015년에 개정된 맞춤법에서는 26년 만에 문장 부호에 대한 규정도 개정되었습니다. 새로운 문장 부호의 주요 표기법은 다음과 같습니다.

말줄임표 선택의 폭 확대

우선 문장 부호 선택의 폭이 확대되었습니다. 가운데 여섯 점을 찍었던 기존의 줄임표뿐만 아니라 점을 아래로 찍을 수도 있고, 여섯 점 대신 세 점을 찍을 수도 있는 등 다양하게 쓸 수 있게 된 것입니다.

어디 나하고 한번……(○)

어디 나하고 한번…(○)

어디 나하고 한번......(○)

어디 나하고 한번...(○)

낫표 선택의 폭 확대

낫표나 화살괄호를 따옴표로 대체해서 쓸 수 있게 되었습니다.

「국어기본법」 → '국어기본법'

《독립신문》 → "독립신문"

가운뎃점 선택의 폭 확대

공통 성분을 줄여서 하나의 어구로 묶을 때 쓰는 가운뎃점 대신 쉼표도 쓸 수 있습니다. 그리고 특정한 의미가 있는 날을 표시할 때 아라비아숫자 사이에 마침표와 가운뎃점 모두를 쓸 수 있습니다. 한편 연월일을 나타내는 마침표는 세 개 모두 찍어야 합니다.

금·은·동메달

금, 은, 동메달

3·1운동

3.1운동

2025.2.24.

한글맞춤법 부호 개정 주요내용 정리표

기존	개정 (기존 표기도 사용 가능)
.(온점) ,(반점)	.(마침표) ,(쉼표)
말줄임표 …… (가운뎃점 6개)	……(마침표 6개) …(가운뎃점 3개) …(마침표 3개)
3·1 운동	3.1 운동 (마침표)
금·은·동메달	금, 은, 동메달(쉼표)
10월 28일~31일	10월 29일–31일(붙임표)
2014년 10월 30일	2014. 10. 30. (마침표)

문장 부호의 명칭 정리

　'온점(.)'과 '반점(,)'을 각각 '마침표'와 '쉼표'로도 부를 수 있게 되었습니다.

. 온점(○)/마침표(○)

, 반점(○)/쉼표(○)

가장 자주 틀리는
띄어쓰기

우리말은 띄어쓰기를 잘 하지 않으면 뜻을 명확하게 전달하기 어려운 언어입니다. 그 규칙이 복잡한 것도 사실이지요. 그래서 띄어쓰기는 많은 사람들이 자주 틀리고 어려워하는 부분 중 하나입니다. 띄어쓰기의 기본 원칙을 예시와 함께 쉽게 설명해 보겠습니다.

조사는 앞말에 붙여 씁니다

조사란 명사나 대명사 뒤에 붙어서 그 말의 성격을 나타내는 말입니다. 조사는 항상 앞의 명사와 붙여서 써야 합니다.

나는 학교에 간다.

의존 명사는 띄어서 씁니다

의존 명사는 혼자서 쓰일 수 없습니다. 반드시 다른 말과 결합되어야 의미를 완성시킬 수 있는 명사입니다. 이러한 의존 명사는 앞의 말과 띄어 써야 합니다.

책을 읽은 지 한 달이 지났다.

'지'는 시간의 경과를 나타내는 의존 명사이므로 띄어 씁니다.

단위 명사는 띄어서 씁니다

수량을 나타내는 단위 명사는 숫자와 띄어 씁니다. 다만, 순서나 날짜를 나타낼 때는 붙여서 쓰는 경우도 있습니다.

사과 한 개를 샀다.
3층으로 가세요.

'한 개'는 수량을 나타내므로 띄어 씁니다. 그러나 '3층'은 순서이므로 붙여 씁니다.

합성어는 붙여 씁니다

합성어는 서로 다른 단어가 결합되어 새로운 의미를 갖는 단어입니다. 합성어는 붙여 씁니다.

요즘은 **손목시계**보다 휴대폰으로 시간을 많이 체크한다.
아이들은 눈이 오면 **눈사람**을 만드는 것을 좋아한다.
조카가 초등학교에 입학하여 **책가방**을 선물했다.

본용언과 보조용언은 띄어 씁니다

본용언(주된 동사나 형용사)과 보조용언(앞의 동사나 형용사를 보충하는 역할을 하는 말)은 보통 띄어 써야 합니다. 그러나 의미가 한 단어처럼 굳어진 경우에는 붙여 쓰기도 합니다.

그 일을 **해 보다**.

수식어와 피수식어는 띄어 써야 합니다

형용사나 관형어와 같은 수식어는 명사 같은 피수식어와 띄어 쓰는 것이 원칙입니다.

예쁜 꽃이 피었다.

우리는 항상 모여서 **맛있는 음식**을 먹는다.

성씨와 이름은 붙여 씁니다

사람의 성과 이름은 붙여 써야 합니다.

김철수가 학교에 갔다.

한국어의 띄어쓰기 규칙은 쉽지 않지만, 몇 가지 기본 원칙을 이해하면 보다 정확한 글쓰기를 할 수 있습니다. 위에서 설명한 띄어쓰기 원칙들을 기억하며, 문장의 의미를 명확하게 전달하려면 꾸준한 연습이 필요하겠지요. 널리 알려진 문장으로 '아버지가 방에 들어가셨다'와 '아버지 가방에 들어가셨다'라는 문장의 일화는 중요한 예시입니다.

1) 그러면 '안돼'(×) vs 그러면 '안 돼'(○)

'안'은 부정어이고, '되다'는 동사이므로 띄어 써야 합니다. 두 단어가 합쳐져서 '안 된다'라는 의미를 만들기 때문입니다. '안돼'는 한 단어로 인정되지 않으며, 상황에 따라 문법적으로 잘못된 의미를 전달할 수 있습니다.

2) 잘되다 vs 잘 되다

'잘되다'와 '잘 되다'는 상황에 따라 쓰임이 다른 말입니다. 예를 들어 '일, 현상, 물건 따위가 썩 좋게 이루어지다'라는 뜻이면 동사 '잘되다'가 쓰입니다. 반면 '잘 되다'는 동사 '되다'에 부사 '잘'이 결합된 형태입니다. 동사 '되다'는 '다른 상태나 성질로 바뀌거나 변하다' '새로운 신분 또는 지위에 이르다' '어떤 시기나 시점에 이르다' 등 많은 뜻을 가지고 있습니다. 그러므로 '잘되다'와 '잘 되다'는 문맥에 따라 주의해서 써야 합니다.

그 일이 **잘되어** 다행이다.

이야기가 **잘되었지만** 우리는 결국 싸우고 말았다.

이 기계는 조그만 충격에도 파손이 **잘 된다**.

3) 할수 있다(×) **vs 할 수 있다**(○)

'할 수 있다'는 가능성을 나타내는 표현으로, '수'는 의존 명사이기 때문에 앞말과 띄어 써야 합니다.

4) 될것이다(×) **vs 될 것이다**(○)

'것'은 의존 명사이므로 앞말과 띄어 씁니다.

5) 나온지(×) **vs 나온 지**(○)

'지'는 시간의 경과를 나타내는 의존 명사로, 띄어 써야 합니다.

6) 가려고하다(×) **vs 가려고 하다**(○)

보조 동사 '하다'는 본동사와 띄어 써야 합니다.

7) 할걸(×) **vs 할 걸**(○)

'걸'은 의존 명사로, 앞말과 띄어 써야 합니다.

8) 많을 수록(×) **vs 많을수록**(○)

'-수록'은 조사이므로 붙여 씁니다.

9) 보고싶다(×) vs 보고 싶다(○)

보조 동사인 '싶다'는 앞말과 띄어 써야 합니다.

10) 찾아 보다(×) vs 찾아보다(○)

합성 동사이므로 붙여 써야 합니다.

11) 해야된다(×) vs 해야 된다(○)

보조 동사인 '되다'는 앞말과 띄어 쓰는 것이 원칙입니다.

12) 사라질수밖에(×) vs 사라질 수밖에(○)

'수'는 의존 명사로, 앞말과 띄어 써야 합니다.

13) 물어 보다(×) vs 물어보다(○)

합성 동사이므로 붙여 써야 합니다.

14) 어떻게든 지(×) vs 어떻게든지(○)

'어떻게든지'는 하나의 부사로 붙여 쓴다.

해도 해도 너무한 한글 파괴

앞서 '문학적 허용'과 '시적허용'에 대해 알아보았습니다. 이 둘은 독자들에게 작품의 가치와 의도를 잘 전달하기 위한 창작 기법으로서 허용된 것이지만, 그럼에도 이것을 어디까지 인정할 것인지 논란도 끊이지 않는 대목입니다.

예전에 한 드라마의 제목이 공개되자마자 논란이 되었습니다. 드라마의 제목은 〈세상 어디에도 없는, 차칸남자〉였습니다. 문제의 단어는 바로 '차칸남자'였는데요. '착한 남자'를 소리 나는 대로 그대로 적어서 표기한 이 드라마 제목은 매회 드라마가 방영될 때마다 타이틀과 자막뿐만 아니라 각종 포스터와 예고편 등에 사용되었습니다. 이에 한글 단체들의 거센 지적이 잇따랐고, 결국 드라마 제목을 〈세상에도 없는, 착한 남자〉로 바꾸게 되었습니다. 위의 예시는 지적에 대해 인지한 후 바로 조치를 취한 사례이지만 한글맞춤법 표기에 부적절한 제목을 고수하는 작품도 적지 않습니다.

한 케이블 드라마 〈우와한 녀〉의 사례도 마찬가지입니다. 표준어 '우아한' 대신 '우와한'이란 당시 유행어를 차용한 것입니다. 논란이 일었지만, 앞선 사례와 달리 제목을 끝까지 고수했습니다. 영화 〈반창꼬〉 역시 상업적인 이유로 '반창꼬'로 제목을 지었다고 알려져 한글 단체로부터 비판받았으나 제목을 고수한 경우입니다.

몇 년 전 인기리에 방영한 댄스 배틀 예능 〈스트릿 우먼 파이터〉 역시 '길거리'를 의미하는 'street'의 정확한 외래어 표기인 '스트리트' 대신 '스트릿'이라는 축약어를 사용했습니다. 대한민국의 트로트 열풍을 일으켰던 오디션 프로그램인 〈미스트롯〉 〈미스터트롯〉도 표준어 표기는 '트로트'임에도 불구하고 축약어인 '트롯'을 썼습니다.

한 예능 프로그램의 제목은 한글의 형태를 아예 파괴한 채로 등장했습니다. 바로 〈Zㅏ떼는 말이야〉로 읽는 방법조차 모호한 표기입니다. 이 제목은 Z세대의 면면을 속속들이 알아가는 예능으로 'Z세대' (1990년 중반부터 2000년 초반에 출생한 젊은 세대)를 강조하기 위해 '라떼'를 'Z세대'를 의미하는 'Zㅏ떼'로 바꾸었다고 합니다만, 도대체 어떻게 읽어야 할지조차 난감한 사례입니다.

표기법 자체가 틀린 경우도 있습니다. 공중파에서 방영되었던 드라마 〈너에게 가는 속도 $493km$〉입니다. 이 제목에서 '493'은 배드민턴 경기에서 나온 셔틀콕의 최고 속력 비공식 세계기록인 $493km/h$를 말합니다. 하지만 속도를 표현하는 'km/h'라는 정식 명칭 및 표기법이 있는데 제작진은 '/h'를 삭제한 채 방영을 계속했습니다.

여러 전문가가 이 드라마 제목을 보고 '유재석'이 아니라 '유재서', '알쓸신잡'이 아니라 '알쓸신자'라고 표현한 것과 다를 바 없다고 지적했습니다. 또한 한 공대 교수는 자신의 소셜미디어에 '이 드라마가 만들어지는 동안 km를 km/h로 표기해야 한다는 걸 제대로 지적한 사람이 없었거나 무시돼 결국 이런 제목이 세상에 나왔다는 게 오히려 신기하다'라고 이야기했습니다. 더불어 이 이슈는 한 언론사의 수습 공채 시험에까지 등장해서 논란을 더욱 부추겼습니다. 이 제목이 문학적 허용인지 묻는 논제가 등장했기 때문입니다.

무엇보다 한참 말과 글을 다루는 법을 제대로 배워야 할 시기의 청소년들이 보는 프로그램은 이런 부분에 특히 더 신경을 써야 한다고 생각합니다. 몇 년 전 공중파에서 방영되었던 청소년 및 20-30대 젊은 세대가 주 시청층인 아이돌 육성 오디션 프로그램 〈방과 후 설레임〉의 경우 시즌2까지 제작되며 많은 시청층을 확보한 프로그램으로, 청소년과 젊은 층을 '설레게 할' 판타지 소년, 소녀 그룹을 육성한다는 기획의도를 갖고 탄생한 프로그램이었습니다.

이때 '설레임'은 '설렘'으로 써야 맞는 표현입니다. 왜냐하면 '설렘'

은 명사로 마음이 가라앉지 않고 들떠서 두근거림, 가만히 있지 아니하고 자꾸만 움직임을 나타내는 현상을 동사 '설레다'에 명사형 어미 '-ㅁ'을 붙여서 만든 말이기 때문입니다.

첫 데이트를 하는 내내 **설렘**이 가득했다. (○)
첫 데이트를 하는 내내 **설레임**으로 가득했다. (×)

이에 해당 프로그램은 프로그램명을 〈방과 후 설레임〉에서 〈방과 후 설렘〉으로 빠르게 바꾸고 시즌 2까지 인기리에 방영되었습니다.

일각에서는 우리말의 복잡한 맞춤법 체계가 창작자의 의욕과 창의성을 저해한다는 의견도 있습니다. 하지만 위의 예시들처럼 작품의 완성도나 창의성과는 전혀 관계없는 상황에서 잘못 쓰인 표현이라면 이는 고치는 편이 좋지 않을까요? 매체가 가지고 있는 특성상 다양한 연령층의 사람들이 쉽게 접근할 수 있기에 더욱 세심하고 완성도 있는 작품으로 시청자나 독자들을 만나는 것이 더욱 더 작가의 의도나 작품의 의미를 훼손시키지 않는 방법이 되지 않을까 합니다.

한글 창제,
그것이 알고 싶다!

세종의 한글 창제는 우리나라의 역사에서 가장 중요한 사건 중 하나입니다. 당시 조선의 정치적, 사회적 배경과 세종의 철학과 깊은 연관이 있기 때문입니다. 한글 창제에 얽힌 여러 이야기는 세종의 애민 정신과 배려, 그리고 학문에 대한 열정을 잘 보여줍니다.

조선 시대 초기에는 글을 쓰고 읽는 데 사용된 문자가 중국에서 들어온 한자(漢字)였습니다. 한자는 조선 상류층이나 학자들에게는 익숙했지만, 일반 백성들에게는 매우 어렵고 배우기 어려운 문자였습니다. 그래서 평범한 사람들은 글을 읽고 쓸 수 없었습니다. 이는 소통과 교육, 법적 문제 등에서 많은 어려움을 야기했습니다. 세종은 이러한 상황을 안타깝게 여겼습니다. 조선의 많은 백성이 자신의 생각을 글로 표현하지 못하고, 법과 문서 등을 이해하지 못하는 현실이 매우 가슴 아팠던 것입니다. 따라서, 백성들이 쉽게 배우고 사용할 수 있는 글자가 필요하다고 느끼게 되었습니다.

그래서 세종은 새로운 문자를 만들기 시작했습니다. 학문을 좋아하고, 백성을 사랑하는 마음이 컸던 그는 소수의 학자와 함께 1443년경부터 새로운 문자의 창제 작업을 시작합니다. 이때 세종은 여러 언어학자와 함께 연구를 진행했는데, 특히 집현전 학자들이 큰 역할을 했습니다.

한글은 우리말의 음운 구조를 기반으로 창제되었으며, 각 글자가 자음과 모음으로 이루어져 있어 조합하기 쉽도록 만들어졌습니다. 특히 음성학적 특징에 따라 자음과 모음의 모양을 설계하여 발음기관의 모양을 본뜬 것입니다. 예를 들어, 기본 자음 'ㄱ'은 혀가 목구멍 뒷부분에 닿는 모양을 본떴고, 'ㅁ'은 입의 모양에서 따왔습니다.

1446년에 세종은 마침내 '훈민정음(訓民正音)', 즉 한글을 창제하고 이를 공식적으로 반포했습니다. 이 훈민정음은 '백성을 가르치는 바른 소리'라는 뜻으로, 백성들이 쉽게 배우고 올바르게 사용할 수 있는 문자를 창제했다는 의미를 담고 있습니다. 세종은 이 훈민정음의 창제 목적을 명확히 설명하는 예문과 해설서도 제공하여 백성들이 쉽게 이해할 수 있도록 했습니다.

그러나 훈민정음 반포 이후에도 반대 의견이 많았습니다. 주로 양

반 계층과 보수적인 학자들이 특히 격렬하게 반대했습니다. 이들은 오랫동안 사용해 온 한자를 버리고 새 문자를 쓰는 것이 옳지 않다고 주장했습니다. 또한 훈민정음이 널리 퍼지면 하층민이 교육을 받고 지식에 접근할 수 있게 되어 사회적 계급에 영향을 줄 것이라는 우려도 있었습니다.

세종이 창제한 한글은 단순히 새로운 문자가 아니라, 백성을 향한 깊은 애정과 배려의 상징입니다. 한글은 백성이 자신들의 생각과 감정을 자유롭게 표현할 수 있는 도구가 되어주었고, 조선 사회의 문자 생활에 큰 변화를 가져왔습니다. 또한 이는 세종이 어떤 군주였는지를 잘 보여주는 업적입니다. 세종은 과학적이고 체계적인 방법으로 한글을 창제하여 백성들이 쉽게 접근할 수 있도록 했고, 이는 오늘날까지도 이어져 한글이 한국어를 표현하는 독창적인 문자로 인정받는 계기가 되었습니다. 훈민정음은 이후로도 서민들이 글을 배우고 지식을 공유할 수 있는 중요한 수단이 되었고, 이는 조선의 문화적 발전에도 크게 기여했습니다.

여기서 잠깐! 세종대왕이 한글을 창제할 때 집현전 학자들을 비롯한 여러 인물이 함께 연구와 토론을 통해 중요한 역할을 했습니다. 역사가들은 '한글 창제'라는 방대한 프로젝트가 세종대왕 혼자서 이룩한 업적이라고는 볼 수 없다는 것에 깊이 공감합니다. 그렇다면 세종대왕 곁에서 한글 창제를 도운 조력자는 과연 누구일까요?

한글 창제의 '진짜' 조력자는 과연 누구일까?

가장 많이 언급되는 인물 중 하나는 신미대사입니다. 신미대사는 세종대왕이 한글 창제에 있어 영적, 철학적으로 큰 도움을 준 인물로 알려져 있습니다. 신미대사는 불교의 깊은 이해와 더불어 음운학에도 통달했던 승려로, 세종과 많은 교류가 있었습니다. 한글 창제에 있어 신미대사의 불교적 철학과 언어적 지식이 어떻게 작용했는지는 명확히 밝혀진 바는 없지만, 그는 세종이 연구하던 음운과 언어 구조에 대한 통찰을 제시하며 중요한 조언을 아끼지 않았다고 전해집니다.

전해지는 일화 중 하나는 신미대사가 세종과 밤을 새워가며 글자의 구조에 대해 논의했다는 이야기입니다. 세종은 당시 불교 승려인 신미대사에게 자문을 구했는데, 그는 발음의 원리와 음운에 대한 지식을 전수하며 세종에게 새로운 시각을 제공했습니다. 이러한 논의를 통해 한글의 과학적이고 체계적인 구조가 더욱 다듬어질 수 있었습니다. 또한 신미대사뿐만 아니라 집현전의 학자들도 세종의 한글 프로젝트 조력자 중 하나로 손꼽히고 있습니다.

세종은 집현전을 설립하여 여러 학자를 불러 모으고 연구를 적극적으로 장려했습니다. 한글 창제 과정에서도 집현전 학자들의 역할이 컸는데, 특히 신숙주와 성삼문 그리고 박팽년 등이 큰 공헌을 했습니다. 이들은 언어학적 지식을 바탕으로 새로운 문자 체계를 연구하고, 실험을 통해 다양한 방법을 제안했습니다.

특히 신숙주와 성삼문은 세종과 함께 연구를 진행하며 자음과 모음의 발음 구조에 대해 깊이 탐구했습니다. 신숙주는 중국어와 조선어의 음운 체계를 비교하며 연구를 진행했는데, 이러한 비교를 통해 한글의 체계가 더욱 완성도 있게 다듬어졌습니다.

한편, 집현전 학자들 중에서도 최만리와 같은 인물은 훈민정음 창제에 대해 반대 의견을 내기도 했습니다. 최만리는 한자를 오랫동안 써온 조선 사회에서 새 글자를 만든다는 것은 비효율적이고 위험한 일이라고 생각했으며, 조선 사회가 오히려 혼란에 빠질 수 있다고 주장했습니다. 그는 세종에게 조선의 전통과 유교적 질서를 유지하기 위해 한글 창제를 반대하는 상소문을 올리기도 했습니다.

세종은 이러한 저항에도 불구하고, 한글의 필요성을 절실히 느꼈기 때문에 학자들과 끊임없이 논의하며 반대하는 이들을 설득했습니다. 세종은 최만리의 상소문을 받아들여 반대 의견을 존중하였으나, 백성들이 쉽게 배울 수 있는 글자를 만드는 것이 국가 발전에 필요하다는 신념으로 한글 창제를 끝까지 추진했습니다.

한글 창제 과정에서 많은 난관을 겪었지만, 포기하지 않고 집현전 학자들과 협력하여 문제를 해결했습니다. 학자들과 밤을 새워가며 연구하고, 다양한 의견을 받아들여 한글의 체계를 점점 완성해 나갔습니다. 세종은 한글 창제를 단순히 자신의 업적으로 만들기보다는 집현전 학자들과 함께 지혜를 모아 진행했으며, 이러한 협력의 과정이 지금의 한글을 더욱 완성도 있게 만든 것입니다. 세종과 집현전 학자, 신미대사와의 일화는 한글 창제가 단순한 문자 발명 이상의 깊은 뜻이 있었음을 보여줍니다.

신미대사와 집현전 학자들 외에도 조력자로 지목되는 사람이 있습니다. 바로 세종의 넷째 아들인 임영대군입니다. 임영대군은 한글 창제에 직접적으로 큰 공헌을 한 것으로 알려져 있습니다. 임영대군은 뛰어난 학문적 소양과 언어적 감각을 가지고 있었으며, 세종의 연구에 깊이 관여하여 한글의 체계와 발음 구조를 다듬는 데 기여했다고 전해집니다. 세종은 자신의 아들들에게 한글 창제 작업을 맡기기도 했는데, 이는 가족 내에서도 신뢰할 수 있는 인물에게 한글 창제 비밀을 공유했음을 의미합니다.

한글은 비밀암호였다!

한글은 세종대왕의 애민 정신과 학문적 열정, 협력과 소통의 정신이 녹아든 결과물로, 이는 지금까지 큰 유산으로 남아 있습니다. 그러기에 다양한 비화와 뒷이야기들이 있습니다. 이들은 세종의 독창적 발상과 한글 창제 과정의 비밀스러운 면모를 보여줍니다. 한글이 처음 만들어지는 과정에서 겪었던 정치 사회적, 사회적 어려움, 그리고 주변 인물들의 반응까지, 흥미로운 이야기를 살펴볼 수 있습니다.

한글 창제는 당시 조선의 보수적인 유학자층이 강하게 반대할 것을 예상하여 비밀리에 추진되었습니다. 세종은 한글 창제 프로젝트를 극히 제한된 인원에게만 알렸고, 밤낮을 가리지 않고 연구를 진행했습니다. 이는 한글이 공식적으로 발표되기 전까지 거의 비밀 프로젝트로 진행된 이유 중 하나입니다. 세종은 비밀을 유지하기 위해 한글 창제를 연구하는 방의 경호를 강화하기도 했습니다. 이렇게 극비리에 진행된 작업은 반대 세력의 눈을 피하기 위함이었습니다. 한글 창제가 백성들에게 필요하다고 생각한 세종의 집념을 보여줍니다. 한글이 반포되기 전까지 집현전 학자들조차 연구 내용을 상세히 알지 못했을 정도로 비밀스러웠다고 합니다.

세종이 한글을 창제한 또 다른 이유로 외세로부터 국가 기밀을 보호하기 위한 목적도 있었다고 전해집니다. 한글은 조선의 언어 특성에 맞춰 창제된 문자였기에, 외국인들이 조선어를 이해하고 해독하는 것이 거의 불가능했습니다. 세종은 조선 내부의 중요한 문서나 백성을 위한 소통을 위해 한글을 암호와 같은 도구로 활용하려 했다는 설도 있습니다. 이 덕분에 조선의 독립성과 자주성을 지킬 수 있는 수단으로 한글을 창제했다는 이야기도 전해집니다.

세종은 한글 창제에 몰두하며 밤을 새우기 일쑤였고, 이로 인해 시력이 점점 나빠졌다고 합니다. 심지어 그의 눈 상태가 악화되어 문서를 제대로 읽지 못할 정도였으나, 한글 연구에 대한 열정은 식지 않았습니다. 눈이 아파도 학자들에게 연구 결과를 듣고 토론을 이어갔으며, 한글의 완성도를 높이기 위해 노력을 아끼지 않았습니다.

조선은 당시 명나라와 외교 관계를 유지하고 있었고, 중국은 조선이 새로운 문자를 창제하는 것을 상당히 경계했습니다. 특히 명나라의 왕조는 조선이 한자를 중심으로 유교 문화권에 속해 있기를 원했기 때문에, 조선이 독자적인 문자를 가진다는 것에 대해 불편한 반응을 보였습니다. 이는 명나라와의 외교 문제를 일으킬 수 있는 상황이었기 때문에 세종은 한글 창제를 공개할 때 신중을 기했습니다.

세종은 한글이 백성을 위한 문자임을 강조하는 한편 한자의 중요성을 부정하는 것은 아니라고 부연하기도 했습니다. 그러나 조선 내부에서도 일부 고위 관리들은 외교적 긴장을 우려하여 반대 의견을 내놓기도 했습니다. 그러나 세종은 백성을 위한 문자라는 점을 지속적으로 강조하여 한글 반포를 강행했습니다.

한글이 처음 반포된 이후, 조선 정부에서는 한글을 공식 문서보다는 백성들에게 주로 교육하는 용도로 사용했습니다. 그러나 일부에서는 한글을 비밀 문서나 암호문으로 활용하기도 했습니다. 특히 관리들 사이에서 비밀스러운 전달이 필요할 때 한글이 쓰였다는 설도 있습니다. 외부 세력이나 한자를 잘 알지 못하는 외국인들이 쉽게 해독하지 못하게 하기 위해서였습니다. 이러한 비밀 코딩 역할을 하던 한글은 백성들이 조금씩 사용하며 점점 더 널리 퍼져 나갔고, 결국 조선 사회에서 중요한 소통과 기록 수단으로 자리잡게 되었습니다.

이런 다양한 비화는 한글 창제가 단순히 문자를 발명한 것이 아니라 조선의 정치적, 문화적 상황을 넘어선 복합적인 의도와 배경에서 이루어졌음을 보여줍니다. 세종대왕의 애민 정신과 집념, 조선의 자주성을 지키려는 노력 등이 한글에 담겨 있으며, 그 결과로 오늘날까지 이어져 한국 사회의 자부심이 된 것입니다.

당신이 쓰는 말과 글이
당신의 품격입니다

우리는 살아가며 수많은 선택의 순간을 맞이합니다. 무엇을 입고 어떤 표정을 지을지, 어떤 말을 건넬지. 그중에서도 가장 자주 하는 선택은 바로 우리가 쓰는 말과 글, 즉 '언어'입니다.

어떤 말을 하고, 어떤 글을 쓰고, 어떻게 표현을 할지 매순간 고민합니다. 말과 글을 통해 우리는 생각과 감정을 표현하며, 관계를 형성하고, 세상을 살아가기 때문입니다. 그렇기에 우리의 언어는 단순한 도구를 넘어, 자기 자신을 드러내는 중요한 매개체입니다. 언어학자 노엄 촘스키는 '언어가 사고를 통제한다'고 했습니다. 즉, 당신이 지금 하고 있는 말과 글은 당신의 사고를 그대로 드러내는 것입니다. 더불어 그 사람이 생각하는 바는 그의 몸을 통해서 드러나고 이를 우리는 '품격'이라고 부릅니다. 내가 어떤 언어를 선택하느냐에 나의 가치관과 태도가 고스란히 드러나기 때문입니다.

우리는 인생의 수많은 순간, 자신이 쓰는 말과 글을 통해 판단됩니다. 업무상의 이메일이나 소셜미디어 게시물, 일상적인 메시지에 이르기까지 모든 언어적 표현은 자신의 이미지와 직결됩니다. 그것은 스스로의 품격을 결정합니다.

이 책을 통해 맞춤법이 단순한 규칙 이상의 의미를 가진다는 점을 살펴보았습니다. 맞춤법을 지키는 것은 자신을 더 나은 방향으로 표현하기 위한 작은 실천입니다. 더불어 이는 자신의 가치를 더 높이고, 타인과의 관계를 풍요롭게 하며, 더 나아가 사회 속에서 자신의 품격을 확고히 하는 데 도움을 줄 것입니다.

하지만 지나치게 완벽을 추구할 필요는 없습니다. 중요한 것은 배움을 통해 점차 나아지려는 자세입니다. 언어는 살아있는 생명체처럼 끊임없이 변화하고 발전합니다. 맞춤법 역시 시대상을 반영하여 매번 변화하고 있습니다. 우리가 노력을 기울여야 할 것은 맞춤법에 대한 관심을 놓아서는 안 된다는 것입니다.

이 책을 덮는 순간, 자신의 말과 글 속에 담긴 힘을 다시 한번 되새겨 보길 바랍니다. 그리고 그 힘이 자신의 일상과 미래를 어떻게 변화

시킬 수 있을지 가늠해 보세요. 비록 작고 소소한 '맞춤법' 하나지만 여러분의 삶에 가져올 수 있는 변화는 상상 이상일 것입니다.

당신의 말과 글은 곧 당신 자신입니다.

작가, 문해력 연구가

이윤영

모르면 호구 되는
맞춤법상식

1판 1쇄 인쇄 2025년 2월 17일
1판 1쇄 발행 2025년 2월 26일

지은이 이윤영
펴낸이 김기옥

경제경영사업본부장 모민원
경제경영팀 박지선
마케팅 박진모
경영지원 고광현
제작 김형식

디자인 푸른나무디자인
인쇄·제본 민언프린텍

펴낸곳 한스미디어(한즈미디어(주))
주소 04037 서울특별시 마포구 양화로 11길 13(서교동, 강원빌딩 5층)
전화 02-707-0337 | **팩스** 02-707-0198 | **홈페이지** www.hansmedia.com
출판신고번호 제 313-2003-227호 | **신고일자** 2003년 6월 25일

ISBN 979-11-93712-93-1 (03700)